Ingrid Kell

Sternenpower

© 2000 by Ingrid Kell
und topword – der Ort fürs Wort, München
Foto: Günter Oblasser-Obser, München
Umschlag: Martina Morlok, Mittelbiberach
Herstellung: Libri Books on Demand
ISBN 3-8311-0880-3

Inhalt

Widder

Stier

Zwillinge

Krebs

Löwe

Jungfrau

Vorwort

Bitte nehmen Sie sich für dieses Vorwort ein paar Minuten Zeit. Ich möchte, dass Sie eine Antwort auf die Frage „Warum dieses Buch?" bekommen.

Im Laufe der Jahre las ich viele Geschichten von unterschiedlichen Autorinnen oder Autoren: heitere, aufregende, besinnliche und erotische, so wie sie in diesem Band zu finden sind – kunterbunte Geschichten, aus dem Leben, über Liebe, Leidenschaft, Eifersucht, Trauer oder Tod.

Obwohl sich die Themen inhaltlich oft sehr ähnelten, besaß jede Story ihre eigene, ganz persönliche Seele, sei es durch einen überraschenden Schluss, eine unerwartete Wende, eine Heldin oder einen Helden, die völlig anders handelten, als in einer Geschichte, die denselben Inhalt hatte.

Lange Zeit achtete ich nicht weiter darauf, bis ich eines Tages den Autor der „Hallo, ich bin die Partyhilfe", die Sie bestimmt mit großem Vergnügen lesen werden, fragte, weshalb sein Protagonist mit einer solchen Engelsgeduld all die verrückten Alltagskatastrophen in Kauf nimmt. „Er ist Waage", antwortete er mit einem kleinen Augenzwinkern. „Er braucht und sucht Harmonie und ist damit der geborene Friedensstifter. Ein Skorpion hätte in derselben Situation wütend das Geschirr zertrümmert, ein Krebs wäre in einen Weinkrampf ausgebrochen, und ein Schütze hätte philosophisch unverbesserlichen Optimismus verbreitet."

Zuerst glaubte ich dem Autor kein Wort. Sollte das sein Ernst gewesen sein? Ordnete er seine Romanfiguren wirklich bestimmten Tierkreiszeichen zu? Nein, unmöglich.

Aber mein Interesse war geweckt, und ich fing an, so manches Manuskript mit anderen Augen zu lesen. Zu meinem

Erstaunen entdeckte ich tatsächlich nach und nach hervorstechende Widder-, Jungfrau- oder Fische-Eigenschaften in den einzelnen Geschichten. Wie zum Beispiel in „Gefährliche Liebe" Lizzy, eine wettkampforientierte Widder-Lady. Oder in „Schriftsteller morden anders" den Jungfrau-Helden Harry, der seine Nervensäge von Ehefrau mithilfe eines bis in alle Einzelheiten schriftlich ausgearbeiteten Plans ermordet. Aber auch der sanftmütige und sensible Fische-Mann Erasmus in „Melodie ins Glück" ist mir begegnet, der in der Musik seine Gefühle und eine neue Liebe entdeckt.

Ich war verblüfft, und meine Neugierde wuchs weiter. Ab sofort prüfte ich die Manuskripte nicht nur nach Stil, Sprache und Originalität, sondern sortierte sie auch unter dem Aspekt der Tierkreiszeichen. Das Ergebnis ist dieser Sammelband.

Ob sich die jeweiligen Autorinnen oder Autoren beim Schreiben ihrer Kurzgeschichten über Tierkreiszeichen und deren Eigenschaften ernsthaft Gedanken machten, sei dahingestellt. Wenn, so vermute ich, geschah es unbewusst.
Wir alle wissen um die geheimnisvolle Kraft der Planeten. Tun wir das wirklich? Oder glauben wir nur an jene unergründliche Sternenpower? Gut möglich, dass es sie tatsächlich gibt. Es kann aber auch sein, dass unsere Planeten einfach nur ruhig ihre Bahnen ziehen – und sonst nichts.
Eines jedoch ist gewiss: Sie und ich, wir alle leben bestimmte, für uns typische Eigenschaften aus, die uns erstaunlich stark an so manches Tierkreiszeichen erinnern. Ja, vielleicht entdecken Sie sich sogar in der einen oder anderen Geschichte wieder? Lassen Sie sich also bitte entführen und genießen Sie diesen vergnüglichen Lesebummel von Widder bis zu Fische. Viel Spaß dabei!

Ingrid Kell

Widder

21. 03. — 20. 04.

Rosen im Winter

Patricia Lester

*L*iebhaber sind wie Frühlingsblumen. Gebunden, in einem Strauß, duften sie, strahlen ein einmaliges Flair aus, und nach einer Woche lassen sie die Blüten hängen oder anderes. Sabine zögerte einen Augenblick und warf die beinahe vertrockneten Pflanzen in den Mülleimer. Eine Rose hatte noch reife Blätter, die noch zu retten, lohnte sich nicht. Oder doch? Hätte jemand behauptet, Sabine sei abergläubisch, so hätte sie das entrüstet zurückgewiesen. Wünschte sich nicht jeder Mensch beim Anblick einer Sternschnuppe etwas Bestimmtes oder spuckte insgeheim auf einen Pfennig, der auf der Straße gelegen hatte? So landete die Rosenblüte in einer kleinen Glasschale, wo sie über Nacht noch mehr aufblühte und aussah wie eine Ballerina, die mit einem glockigen blutroten Rock auf einem See trieb und auf den Prinz wartete, der sie davon trug, irgendwo hin, wo es die Liebe gab.

„Du bist eine lächerliche, sentimentale Närrin." Sabine stand auf dem Standpunkt: Wenn schon Single, dann sollte sich so ein Wesen, das sich wie die Lemminge verbreitete, mit intelligenten Leuten unterhalten, nämlich mit sich selbst. „Nur weil vor ein paar Tagen Peter vor der Tür gestanden ist mit den Blumen, du ihm noch dazu im Mutter-Beimer-Look die Tür geöffnet hast, und er ..."

Was dann in den nächsten Stunden geschehen war, traute sie sich noch nicht einmal zu flüstern. Aber in ihren Augen sah sie ein lüsternes Glitzern, und sie wartete darauf, alles zu wiederholen, was an jenem Dienstag geschehen war, und das auszuprobieren, was unausgesprochen zwischen ihnen geblieben war. Sabine dachte, ihre Gefühle und Bedürfnisse seien wie in einem Geschenk verborgen, das noch sorgfältig verpackt in einem Winkel eines Schranks lag und erst bei einer besonderen Gelegenheit hervorgeholt und geöffnet werden dürfe.

Nachdem Peter fünf Tage nichts von sich hören ließ, er war noch nicht einmal in jenen merkwürdigen Chaträumen im Internet zu finden, in denen er sich sonst aufhielt, nahm Sabine den Dialog mit ihrem Alter Ego wieder auf.

„Du bist eine blöde Kuh, lässt dich von einem Mann aus der Ruhe bringen, der zwar charmant und auch sonst nicht zu verachten ist, der aber wahrscheinlich seinen Fischen mehr Zuneigung und Interesse entgegenbringt als dir."

Gut, dass sie weder seine Telefonnummer noch seinen Nachnamen kannte. So blieb dieser Mann in der Wirklichkeit ein nicht greifbares Phantom, das dafür in ihren Träumen umso mehr leiden musste. Sabine drehte die Wochen, ihre innere Uhr, zurück bis zu dem Tag, als sie Peter kennen gelernt hatte, und nahm sich vor, diesen Film mit denselben Akteuren neu zu schreiben.

Zu Großmutters Zeiten ging die Liebe durch den Magen, sagte man. Heute geht sie durch den Computer oder das Internet. Die Zeiten hatten sich nicht geändert. Heute wie damals waren das fromme Lügen oder der Beweis für etwas, an das man glauben wollte. Statt eines Kochlöffels nahm man eben einfach die Maus, und klick ....

Sabine hatte Peter im Internet getroffen. In ihrem Profil, das war eine Kurzbeschreibung ihrer Person, an der Baron Münchhausen seine helle Freude gehabt hätte, hatte sie als Hobby Flipperspiele am PC angegeben, was tatsächlich der Wahrheit entsprach, und Peter hatte diese Leidenschaft geteilt.

Auch bei der Anmache hatten im Laufe dieses Jahrhunderts nur die Vorzeichen gewechselt. Waren mal die Briefmarken in Mode gewesen, die Schallplatten oder Hydropflanzen, so standen heute die CD-Sammlung oder Computerspiele in den Charts.

„Traue keinem Mann, aber auch dir nicht." Sabine hörte die Stimme ihrer Oma so deutlich, als sei es gestern gewesen. "Die Paarungsriten sind auf beiden Seiten die gleichen, und daran wird sich auch nichts ändern." Omchen hatte damals Recht gehabt und jetzt natürlich auch.

„Hi, echt stark, dass du da bist. Mann, das ist super." Sabine hatte Peter die Tür geöffnet, aufgestylt in schlichter, aber aufregender Eleganz, und gleichzeitig vernahm sie in ihrem Inneren das bekannte und verdammte Organ ihrer Oma: „Woher hast du denn dieses grässliche Kauderwelsch? Ich dachte, ich hätte dir Deutsch beigebracht."

„Bezaubernd, diese Rose", fuhr Sabine fort. „Schon besser", kam von Omchen aus dem Jenseits.

Nach einer Anstandspause, bei dem ersten Date gab es einen Drink und den üblichen Small-Talk, saß Sabine am Computer und beobachtete fassungslos, wie Peter sie bei jedem Spiel, das für ihn vollständig neu war, gnadenlos von der Platte putzte. Ausnahmsweise kam kein Tadel von Oma. Sabine kochte allmählich und sann auf Rache. Sie musste diesen Mann besiegen, und wenn schon nicht am PC, dann auf einem Gebiet, auf dem sie auch nicht gerade eine Stümperin war. „Ich halte das für verfrüht, er kommt von selbst auf die Idee, die du im Kopf hast", murmelte Oma. „Lass mich in Ruhe", gab Sabine zurück und ließ wie zufällig ihre Hand auf Peters Oberschenkel fallen.

„Eine Revanche?", fragte sie, und der eine Ärmel ihres Tops rutschte von der Schulter.

„Sorry, nächste Woche vielleicht." Peter stand auf und gab Sabine einen zarten Kuss, auch wenn ihm anzusehen war, dass der Abschied schwer fiel.

„Man sieht sich", murmelte Sabine und hauchte einen

ebenso unverbindlichen Kuss zurück. Mit diesen drei Worten, die immer das endgültige Aus bedeuteten, schloss sie die Tür, setzte sich an den Computer und erreichte innerhalb kürzester Zeit jede Menge Punkte, mit denen sie Peter in ein klägliches Abseits hätte verdonnern können, wäre es ihr eine halbe Stunde früher gelungen.

„Ha, Mistkerl, dir werde ich es zeigen." Sabine streckte dem Rechner die Zunge heraus, machte einen wütenden Doppelklick und hob ihr Glas, in dem sich noch ein Rest Prosecco befand. Der Untersetzer, edles Silber, das Omchen ihr vererbt hatte, blieb an dem Glas kleben, und die Flüssigkeit kippte über die Tastatur, worauf sehr merkwürdige Hieroglyphen über den Bildschirm tanzten und aus dem Rechner eigenwillige Piepstöne erklangen. Sabine holte einen Fön und versuchte, die Tastatur zu trocknen. Doch der PC jammerte weiter still vor sich hin, und dann ging gar nichts mehr.

„Ist ja entzückend. Morgen soll ich meine Steuererklärung machen, ein Haufen Überweisungen erledigen, und jetzt das." Sabine ließ ein paar Flüche los und wäre am liebsten nur noch schriftlich mit sich selbst verkehrt, so sauer war sie.

„Halt bloß die Klappe, Omchen. Einen Vorwurf kann ich jetzt nicht ertragen."

Oma schwieg. Ein ganz schlechtes Zeichen, und Sabine wusste, dass sie sich lächerlich aufführte.

Für die Reparatur ihres Rechners ging ihr Lottogewinn drauf, auf den Sabine so stolz gewesen war. Und Peter war nicht mehr online.

„Bye-bye, Lover", sagte sie eines Abends und entdeckte dann Peter im Internet. „Na, warte, du Mini-Clinton, bick dick und small balls, sonst gar nichts." Sabine bewegte die Maus, um diesem lausigen Typen ein Telegramm zu schicken, als plötzlich die kurze Melodie erklang, dass sie Post in ihrem Briefkasten hatte. Und da war eine Mail von

Peter.

„Viele Frauen sagen: ‚Niemals beim ersten Mal'. Doch manchmal sagt das auch ein Mann und meint es so", las Sabine. Und nach den nächsten Zeilen wusste sie, dass sie beinahe in ihrer gekränkten weiblichen Eitelkeit einen nicht wiedergutzumachenden Fehler begangen hätte. Peter hatte ein paar Tage im Krankenhaus gelegen, eine Gehirnerschütterung nach einem Autounfall, und jetzt, jetzt wollte er sie sehen, so schnell wie möglich, mit ihr Spiele machen und all das nachholen, was sie bei ihrem ersten Date gewollt, aber nicht getan hatten. Sabine war auf ihre Vorstellungskraft stolz, doch was Peter noch geschrieben hatte, übertraf all ihre Fantasien.

„Omilein, das kann ich einfach nicht ausdrucken", murmelte Sabine und speicherte die Mail vorsichtshalber noch auf einer Diskette.

„Du wirst es tun, den Brief mit ans Bett nehmen und ihn jeden Abend lesen, bis er zerknittert ist, und du wirst genau das erwarten, was drin steht, auch wenn ich es nicht wissen muss. Ich habe nicht umsonst fünf Kinder bekommen."

„Bingo." Mit ihrer Großmutter zu streiten, hatte noch nie Zweck gehabt.

Vierundzwanzig lange Stunden ließ Sabine Peter zappeln, bevor sie antwortete.

Drei Entwürfe vernichtete sie, bevor sie sich zum direkten Angriff entschied: Sie schrieb ein einziges Wort und umrandete es mit einem Kranz roter und weißer Rosen, in dessen Mitte sich ein Bild befand, auf dem sie verschmitzt, charmant oder sexy lächelte, wie immer ihr Gesichtsausdruck zu deuten war. Und das Wort in fünffacher Vergrößerung lautete: „Komm."

Es war Cäsars siegreicher Einmarsch in Rom. Er kam, sah und siegte. Da war kein Spiel am Flipper mehr wichtig. Sabine hörte Fanfaren und Trompeten. Sie empfand nur noch Haut, warme, prickelnde Haut, spürte die Schwere seines männlichen Körpers unter ihr, auf ihr, an ihrer Seite, atmete einen fremden, faszinierenden Duft, der sie schwindlig machte. Sie kam sich wie ein Schiff vor, das raketenhaft in einen dunklen Raum katapultiert wurde, mit einer Rückstoßkraft, die ihr die Luft nahm, um dann mit einem Mal schwerelos in einen schwarzen Himmel einzutauchen, an dem ein Stern nach dem anderen aufleuchtete, die in einem bizarren Muster doch wie eine Straße wirkten, der sie nur zu folgen brauchte. Und sie ging diesen Weg. Bis morgens um vier, und von Omchen kam kein einziges Wort.

„Mein Engel, ich bin verrückt nach dir." Peter hielt Sabine wie einen Rettungsanker umklammert, ließ seinen Kopf auf ihre Brust sinken und schlief ein.

Sabine tauchte aus einer Dämmerung hervor, deren seltsame Träume sie verwirrten und benommen machten. Sie hatte an einem leeren Strand gelegen, eine Möwe hatte gelacht. Ihr Tscheck-Tscheck hatte obszön geklungen, und dann war eine Welle gekommen, ein Rauschen, ein kurzes Atemholen, und Sabine war in einem lauten Strudel versunken, in dem sie zu ertrinken drohte. Sie rief und schrie, und irgendwo in der Ferne hörte sie ein Sirren und Klingen, das sich zu einem Piepsen veränderte, das ihr bekannt vorkam.

„Telefon", dachte sie und fuhr auf. Ihr rechter Arm war durch Peters Gewicht eingeschlafen und hing wie ein schlaffer Palmwedel nutzlos an ihrem Körper herab. Doch das war nicht ihr Apparat, der sie aus dem Schlaf gerissen hatte. Irgendwo anders kam das Läuten her. Peters Kleidung lag verstreut auf dem Fußboden, und daher kam das Geräusch. In der Hemdtasche befand sich das ruhestörende Handy. Sabines tauber rechter Zeigefinger drückte auf den Knopf, ihr linker Arm hielt das Gerät ans Ohr.

„Ich möchte Peter sprechen." Eine weibliche Stimme, die widerlich ausgeschlafen klang, knallte ihr die Worte entgegen.

„Einen Augenblick." Sabine war zu verwirrt, um überhaupt zu fragen, wer morgens um sieben Uhr bei ihr anrief. Falsch, das war ja Peters Nummer. Dann war dieser Anruf noch schlimmer.

Sabine rüttelte Peter an der Schulter, hielt ihm das Handy ans Ohr.

„Nun wach schon auf, da will dich jemand sprechen."

„Hallo." Peter murmelte in den Hörer, und Sabine kuschelte sich in die Daunendecke und tat, als höre sie kein Wort. Doch natürlich entging ihr noch nicht einmal ein vergessenes Komma.

„Eh, ich habe es dir doch gesagt, aber gestern Abend war ich nicht zu Hause, morgen geht es doch auch noch, und warum ...."

Peter drückte auf einen Knopf und zog die Bettdecke weg.

„Liebes, ich muss gehen. Ich habe meiner Kusine versprochen, ihr beim Umzug zu helfen, heute, und ich habe es glatt vergessen. Bitte verzeih." Peter stand auf und nahm seine Klamotten, die auf dem Boden lagen.

„Gruß an deine entzückende Kusine." Sabine verzog sich unter ihr Daunenzelt und wünschte diesen Kerl zum Teufel. Sie spürte einen Kuss, hörte, wie sich ihre Eingangstür leise schloss. Dann war Stille. Eine grauenhafte Stille, und plötzlich fror Sabine. Sie griff neben das Bett, wo all die spärlichen Kleidungsstücke lagen, die Peter ihr vor ein paar Stunden vom Leib gerissen hatte, und zog einen schwarzen Slip an.

„Komisch", dachte sie. „Ich kann doch nach einer Liebesnacht nicht so viel abgenommen haben." Sie zupfte an dem Gummi. „Ein Kuss bringt vierundzwanzig Kalorien, das andere vielleicht einhundertfünfzig, und jetzt ist mir meine Unterhose zu weit."

Plötzlich fing Sabine zu lachen an: „Omchen, Hilfe." Sabine wälzte sich in einem hysterischen Schreikrampf auf dem Bett, in den sich verzweifeltes Weinen mischte.

„Dieser Mistkerl hat seine Unterhose verwechselt und geht jetzt mit meiner zu seiner angeblichen Tussy von Kusine."

„Das Leben bietet manche Überraschung, und du solltest nie vorschnell urteilen."

„Danke, Omi, aber den Kerl mach ich noch fertig", nuschelte Sabine, bevor sie in Schlaf versank.

Am nächsten Morgen fand sie eine Mail vor: „Wäschetausch ist fast so wie früher mit den Briefmarken. Wann darf ich dir den Slip bringen? Es war wirklich meine Kusine."

Als Sabine zwei Tage später den Baumwollslip anzog, kniff er. Hatte sie nun zugenommen aus Lust oder Frust? Und wieder einmal schwieg Omchen.

Gefährliche Liebe

Martina Peters

*V*orsicht!", schrie Marc, lief auf Lizzy zu und riss sie von der Straße zurück. Lizzy stolperte und purzelte unsanft auf den Bürgersteig.

„Aua!", stöhnte sie und wollte aufstehen.

„Ist ja noch mal gut gegangen!", seufzte Marc erleichtert und half ihr auf die Beine. „Alles okay?"

„Ja, danke!", nickte Lizzy und klopfte sich den Staub ab. „Hab das Auto gar nicht kommen sehen."

„Hoffentlich muss ich dich nicht noch öfter retten?", zwinkerte ihr Marc verschmitzt zu.

Lizzy hatte den Schrecken schon wieder vergessen. „Wär aber schön!", ging sie sofort auf seinen Flirt ein und blitzte ihn mit ihren grünen Augen schelmisch an. „Ich bin mit meiner Schwester verabredet." Sie zeigte auf das Café gegenüber.

Marc nahm ihren Arm und lächelte. „Komm, ich bring dich rüber, sonst passiert dir noch mal was!"

Lizzy strahlte. Ihr Herz klopfte wild. Mark gefiel ihr schon lange. Er war 'ne echte Sportskanone, und gerade das machte ihn für sie so interessant. Auch Lizzy konnte nie genug Action kriegen. Jede sportliche Herausforderung reizte sie tierisch. Ihrer Meinung nach war sie der Pep des Lebens.

Lizzy hielt sich immer noch an Marc fest. Er grinste. Schnell ließ sie seinen Arm los. „Am Samstag läuft ein Down-Hill-Rennen", erzählte sie wie nebenbei. „Jeder kann mitmachen. Ist aber nichts für Angsthasen!" Herausfordernd blitzte sie ihn an.

„Schade, dass mein Bike im Eimer ist!", bedauerte er. „Bist du auch da?"

Sie lächelte geheimnisvoll. „Da kannst du Gift drauf nehmen!" Noch ein kurzes „ciao!", dann war Lizzy im Café verschwunden.

„Hi, Ina, stell dir ... !", grüßte sie kurz darauf ihre Schwester atemlos.

„Hab durchs Fenster alles gesehen", unterbrach Ina ärgerlich. „Was hast du denn da für 'ne Show abgezogen?"

Irritiert setzte sich Lizzy und bestellte eine Cola. „Meinst du den Beinah-Unfall? Das war keine Show! Echt nicht! Wenn Marc nicht zufällig vorbeigekommen wäre ..."

„Du tust doch alles, um diesem Spinner zu imponieren", fuhr Ina fort. „Inlinen wie verrückt, Snowboarden, Bungee-Jumping ... Wieso bist du seinetwegen noch nie von 'nem Kirchturm gesprungen?"

Beleidigt verzog Lizzy das Gesicht. „Weil ich nicht lebensmüde bin", erklärte sie schnippisch.

„Sieht aber echt so aus. Du, mit deinem Leichtsinn!" Ina schüttelte genervt den Kopf. „Dass andere sich Sorgen machen könnten, ist dir wohl piepegal!"

„Was ihr nur alle habt! Mir passiert schon nichts." Trotzig schob sie die Lippe vor. „Außerdem will ich auch 'n bisschen Spaß."

Ina riss die Augen auf. „Kopf und Kragen zu riskieren, nennst du Spaß! Sorry, aber du hast sie nicht alle."

„Himmel, bist du spießig! Aber okay, ich verspreche dir, auf mich aufzupassen."

„Versprich mir lieber, dass du dieses blöde Down-Hill-Rennen sausen lässt."

Lizzys Miene verschloss sich. „Niemals!", stieß sie heftig hervor. „Marc ist wahrscheinlich da."

„Um dir dabei zuzusehen, wie du dir den Hals brichst? Ganz schön gefährlich deine Schwärmerei. Wenn du gelähmt im Rollstuhl hockst, wird Marc dann deine Hand zärtlich halten?"

Enttäuscht sprang Lizzy hoch. „Du bist echt ätzend, Ina", rief sie, warf ein paar Münzen für die Cola auf den Tisch und stürmte hitzig nach draußen.

Ein paar Tage später war es soweit. Das alles entscheidende Down-Hill-Rennen war da. Lizzy war furchtbar aufgeregt, wenn sie daran dachte. Aber sie wusste, sie hatte sich gut vorbereitet, und es konnte eigentlich gar nichts schief gehen. Die Aussicht, dass Marc auch da sein würde, steigerte ihre Aufregung noch. Wie würde er wohl reagieren, wenn er sah, dass sie auch mitfuhr?

Hastig zwängte Lizzy ihre langen, schlanken Beine in eine enge Radlerhose und zog sich ein T-Shirt über. Dann schnappte sie sich ihr Bike und fuhr zur Rennstrecke.

Dort wimmelte es bereits nur so von Zuschauern. Die Stimmung war richtig gut. Lizzy hielt nach Marc Ausschau. Nichts. Wo steckte er nur? Leise Enttäuschung stieg in ihr hoch. Wenn er nicht kommen würde, war alles aus! Ihre wunderschönen Pläne, ihre Träume ... alles aus!

Plötzlich sah sie ihn. Er stand in der Nähe des Ziels und redete mit ein paar Freunden. Ihr Herz machte einen Freudensprung! Und, Lizzy traute ihren Augen kaum, auch Ina war da!

Hastig kämpfte sich Lizzy mit ihrem Bike durch die Menge. Als sie bei Marc angekommen war, tippte sie ihm sanft auf die Schulter. Er drehte sich um. Verblüfft sah er sie an. „Ey, sag bloß, du fährst mit!"

„Tja, da staunst du, was?", reagierte sie cool. „Wie du siehst, bin ich sogar das einzige Girl, das den Mut zu 'nem Down-Hill-Rennen hat!"

Ina mischte sich ein. „Logo, keine ist so bescheuert wie du", schimpfte sie. Die helle Sorge stand ihr ins Gesicht geschrieben.

Auch Marc wirkte besorgt. Lizzy konnte es in seinen Augen lesen. Aber gerade das spornte ihren Übermut noch mehr an. Sie würde ihm schon zeigen, was sie draufhatte! Lizzys Wangen glühten vor Nervosität.

Der Sprecher des Rennens rief die Teilnehmer an den Start. „Ich muss los!", sagte Lizzy. Schnell band sie sich ihre Locken zusammen und stülpte sich den Helm über.

Marc hielt sie zurück. „Willst du wirklich fahren?"

Sie nickte tapfer. „Klaro! Ich lass mich nicht davon abbringen!"

Sanft strich er über ihre Wange. „Dann pass bloß auf dich auf, ja? Es ist wirkliche 'ne schwierige Strecke."

„Bitte, Lizzy, hör auf ihn", bat Ina und zog sie kurz in den Arm. „Viel Glück, Kleine!"

Mit einem lässigen Lächeln winkte Lizzy ab. „Keine Bange, ich pack das schon!", sagte sie, schwang sich auf ihr Bike und fuhr zum Startplatz.

Für einen kurzen Moment erinnerte sich Lizzy an Inas warnende Worte neulich im Café. „Wenn du im Rollstuhl sitzt ..." Weshalb wurde ihr plötzlich so unbehaglich zu Mute? Auch ihr Herz begann auf einmal panisch zu rasen.

„Nein!", dachte Lizzy entschlossen. „Ich werde keinen Rückzieher machen. Niemals! Du schaffst das, Lizzy! Hundertpro!"

Tom, ein Typ aus ihrer Clique, zog sie an ihrem Haarzopf. „Ich dachte schon, du kneifst?", grinste er.

Zornig schlug Lizzy seine Hand weg. Ihr Temperament brach wieder voll durch. „Nach dem Rennen wirst du dir wünschen, gekniffen zu haben! Woll'n wir wetten?", zischte sie ihm wütend zu.

Jeder Muskel war jetzt angespannt. Mit angehaltenem Atem wartete Lizzy auf den Startschuss. Noch einmal ging sie die drei Kilometer lange Strecke gedanklich durch. Wenn sie ehrlich war, musste sie zugeben, dass sie wirklich nicht leicht zu fahren war. Viele Steine ... Wurzeln ... und links und rechts neben der Strecke standen Bäume, die bei einem Sturz gefährlich werden konnten. Sie musste auf ihre Geschwindigkeit achten. Wenn sie an der falschen Stelle zu schnell fuhr, war sie aus dem Rennen. Die Spannung in ihr wuchs.

Da! Der Startschuss fiel! Lizzy war hervorragend gestartet. Es gelang ihr locker, mit den ersten Fahrern mitzuhalten. Geschickt wich sie Wurzeln und Steinen aus. Ihre Hände krampften sich um die Lenkstange. „Nur nicht ausrutschen!", dachte sie. „Himmel, Lizzy, pass auf!"

Nach und nach überholte sie einen Fahrer nach dem anderen. Jetzt hatte sie nur noch zwei vor sich. Auch die musste sie unbedingt überholen.

Lizzy dachte an Marc. Wie sehr würde er sie bewundern, wenn sie als Siegerin durchs Ziel ging! Sofort steigerte sie die Geschwindigkeit. Die Beinmuskeln fingen zu schmerzen an. Lizzy keuchte. Feine Schweißperlen standen auf ihrer Stirn. Sie musste es schaffen! Plötzlich sah sie einen riesigen Steinbrocken aus dem Boden ragen! Rechtzeitig gelang er ihr, auszuweichen. Da! Ein Baumstumpf! Lizzy kam immer mehr ins Schwitzen. Die Strecke wurde gefährlicher und unüberschaubarer. Wenn sie stürzte ... Das Blut rauschte in Lizzys Ohren, sie schnappte verzweifelt nach Luft.

„Stopp!", dachte Lizzy plötzlich. „Ja, bin ich denn total übergeschnappt? Ich riskier doch nicht mein Leben! Für niemanden!"

Mit einem hastigen Satz sprang sie vom Bike und schob es zum Ziel. Damit hatte sie sich selbst disqualifiziert. Tränen stiegen in ihr hoch. Der Traum mit Marc war geplatzt, das wusste sie. Über ihre Feigheit würde er nur hämisch lachen.

Fünfzehn Minuten später spazierte Lizzy neben ihrem Rad durchs Ziel. Sie sah, dass Tom als Sieger bejubelt wurde. „Glückwunsch!", gratulierte sie ehrlich.

In diesem Moment tippte ihr jemand sanft auf die Schulter. „Ey, Lizzy, wie hast 'n das hingekriegt?" Marcs Stimme! Klang sie nicht ein wenig spöttisch?

Lizzy wirbelte herum. „Glaubst du, ich brech mir freiwillig den Hals?", fauchte sie. „Über meine Grenzen geh ich grundsätzlich nie hinaus. Was dagegen?"

„Nee", grinste Marc, „ich mach auch lieber rechtzeitig 'nen Rückzieher! Das ist der wirkliche Mut! Hey, hast du Lust, nächstes Weekend die Strecke mit mir zusammen abzufahren?"

Lizzy strahlte. „Willst du denn?"

„Klar. Ich find dich nämlich unheimlich süß! Und dass du das Rennen abgebrochen hast, finde ich obercool." Sanft zog er sie an sich und küsste sie.

Ina zwängte sich durch die Menge. „Mensch, Lizzy, aus lauter Angst hab ich gar nicht zugesehen. Na, sag schon: Hast du gewonnen?"

„Das Rennen nicht", dachte Lizzy überglücklich, „aber Marc!"

Letzte Grüße

Tommy Lee

„Ich schwöre dir, Gloria hat einen Liebhaber", sagte Tilly mit unheilschwangerer Stimme zu ihrem Mann. „Einen Liebhaber, mit dem sie nach Gerds Tod das gesamte Vermögen verprassen wird!"

„Na, wennschon", seufzte Harald unbeteiligt. „Geht's uns etwas an?"

Tilly fuhr wütend hoch. „Ob es uns etwas angeht?", wiederholte sie. „Was dachtest du denn? Natürlich tut es das! Immerhin bin ich als Gerds Schwester nach Gloria die nächste Erbin."

Harald schüttelte den Kopf. „Geld!", spottete er. „Dass Gerd sterben könnte, interessiert dich wohl nicht?"

Sofort runzelte Tilly betroffen die Stirn. „Das in erster Linie", flüsterte sie und blickte nachdenklich vor sich hin.

Währenddessen flirtete Gloria ungeniert in aller Öffentlichkeit mit Mark. Vor ein paar Tagen hatte sie den stellungslosen Lehrer kennen gelernt, der seine freien Nachmittage immer in diesem Café vertrödelte.

„Wollen wir nicht woanders hingehen?", schmeichelte er und sah ihr tief in die Augen. „Irgendwohin, wo wir ungestört sind. Zum Beispiel ... zu mir nach Hause ...!"

Glorias hingerissener Gesichtsausdruck veränderte sich jäh. Wieso dachte sie ausgerechnet in diesem Augenblick an Gerd, der daheim auf sie warte? Oh, wie sie es satt hatte, bei ihm zu sitzen, seine Hand zu halten und die schmerzgebeugte Ehefrau zu mimen!

Gerd war gut zwanzig Jahre älter als sie. Wäre nicht sein märchenhaftes Vermögen gewesen, dazu seine angeborene Herzschwäche – sie wäre niemals auf die Idee gekommen, seinen Heiratsantrag anzunehmen.

Zwei Jahre dauerte ihre Ehe, als sich Gerds Gesundheitszustand plötzlich rapide verschlechterte ... Und inzwischen wusste Gloria, dass Gerd bestenfalls vielleicht noch ein halbes Jahr zu leben hatte.

„Lebt dein Alter eigentlich ewig?", fragte Mark ein paar Tage später. „Diese Heimlichkeiten finde ich auf Dauer unerträglich."

„Lange kann es nicht mehr dauern", lächelte Gloria gerührt.

Mark presste sie an sich. „Hör mal, mein süßer Engel", flüsterte er. „Hast du noch nie daran gedacht, ihn ... nun ja, von seinen Schmerzen zu erlösen?"

Gloria erschrak. O Gott, nein! Was für ein schrecklicher und völlig absurder Gedanke!

Mark ließ nicht locker. „Ich liebe dich! Und ich wünsche mir, dass alle Welt Bescheid weiß. Schluss mit den heimlichen Treffen! Wir müssen endlich etwas unternehmen." Zwingend sah er ihr in die Augen.

Gloria erschauerte. Sie räusperte sich. „Ist ... ist das nicht sehr gefährlich?", warf sie zögerd ein.

Schnell holte Mark ein Fläschchen mit einer milchigen Flüssigkeit aus dem Schreibtisch. „Nicht, wenn wir geschickt vorgehen." Zuversichtlich lächelte er sie an. „Nur ein paar Tropfen täglich – aber in ein, zwei Wochen sind wir deinen Mann endlich los. Wir können überhaupt nicht verlieren, glaub mir, mein Schatz!"

Gloria überlegte nur kurz. Ja! So oder so, sie würde gewinnen – Gerds immenses Vermögen und Mark! Der Einsatz lohnte sich. „Okay", nickte sie. „Ich schaff das schon!"

Zwei Monate später lebte Gerd immer noch!

„Ich hab's genau nach deiner Anleitung gemacht", beteuerte Gloria verzweifelt. Doch Mark schrie sie nur unbeherrscht an.

„Willst du mich wirklich für dumm verkaufen, oder was?", tobte er. Seine Augen funkelten wütend. „Dann musst du eben die Dosis erhöhen."

Zitternd kehrte Gloria nach Hause zurück – und gab Gerd von da an die doppelte Menge der Tropfen.

Doch sein Zustand blieb wie zum Trotz weiterhin erstaunlich stabil. Glorias uneingeschränkter Optimismus dagegen sank ins Bodenlose. Wenn Gerd nicht endlich das Zeitliche segnete, würde sie Mark für immer verlieren.

Gerd starb ganz plötzlich.

Gloria entdeckte seine Leiche frühmorgens. Sie benachrichtigte ihren Hausarzt und besorgte sich Trauerkleidung. Mark traf sie nicht mehr. Kurz vor Gerds Tod hatten sie abgemacht, sich eine Weile nicht zu sehen, um keinen unnötigen Verdacht zu wecken.

Dennoch sah ihre Schwägerin Tilly sie einen Tag vor der Beerdigung misstrauisch an. „Hast du's nun endlich geschafft, ja?", schleuderte sie Gloria entgegen. „Der Weg zu diesem Gigolo ist jetzt frei ..."

Gekonnt schluchzte Gloria wild auf. „Ich habe immer nur Gerd geliebt. Es gibt und gab nie einen anderen Mann."

Tilly verzog ihre Lippen spöttisch. „Dass ich nicht lache!", herrschte sie Gloria an. „Ich schwöre dir, du hast einen Liebhaber."

Trotzig warf Gloria ihren Kopf in den Nacken. „Und wenn! Geht es dich etwas an?"

„Natürlich, meine Liebe." Tillys Stimme senkte sich, klang gefährlich leise. „In diesem Fall müsste ich davon ausgehen, dass ihr beide Gerd ermordet habt. Mit meinem Verdacht würde ich offene Türen bei der Polizei einrennen. Das ist dir doch klar, oder?"

Hart presste Gloria ihre Lippen aufeinander. Sie spürte, wie die Angst in ihr hochkroch ...

„So beruhige dich doch", meinte Mark gelassen, als sie ihn noch am selben Abend anrief. „Deine Schwägerin wird nicht das Geringste unternehmen. Lass mich nur machen."

„Und wenn doch?" Gloria hatte plötzlich das unheimliche Gefühl, in einer unentrinnbaren Falle zu hocken. „Ich will nicht ins Gefängnis, hörst du? Ich will nicht!" Sie hetzte von Wort zu Wort.

Mark beschwichtigte sie. „Vertrau mir, mein Engel. Tilly wird schweigen! Ich schwör's!"

Glorias Gesicht entspannte sich. „Ja, Darling, ich vertraue dir", seufzte sie.

Die Beerdigung verlief feierlich. Gloria schluchzte unentwegt still vor sich hin. Als alles vorüber war, atmete sie erleichtert auf. Geschafft! Endlich! Von nun an lag ein sorgenfreies, gemeinsames Leben mit Mark vor ihr. Sie triumphierte.

Am nächsten Morgen erhielt sie von Gerds Anwalt einen Brief. Er schickte ihr die letzten Zeilen ihres Mannes, die er kurz vor seinem Tod verfasst hatte.

Unsicher blickte Gloria auf den weißen, versiegelten Umschlag. Sie wollte keinen Brief von einem Toten. Am liebsten hätte sie ihn ungelesen in das prasselnde Kaminfeuer geworfen. Aber schließlich öffnete sie ihn doch und las:

Geliebte Gloria! Dank Marks Vitaminkonzentrat waren mir noch ein paar Lebenswochen mehr vergönnt. Wenn ich sterbe, dann einzig und allein an meiner schweren Krankheit. Übrigens hatte Tilly die Idee, dir einen Lover zu präsentieren. Und sie war es auch, die diesen Schauspieler engagierte – deinen geliebten Mark, der dich und deine Treue auf die Probe stellen sollte. Tilly hatte sofort geahnt, dass du auf ihn

hereinfallen würdest. Dass du allerdings auch in das Mord-
komplott einstimmen würdest, das allerdings hatte ich nicht
für möglich gehalten – im Gegensatz zu Tilly, die dir alles zu-
traut!

Du wirst sicher verstehen, Gloria, dass ich mein Testa-
ment zu Tillys Gunsten abgeändert habe. Ich rate dir, nichts
dagegen zu unternehmen, willst du nicht im Gefängnis lan-
den.

Aber, meine geliebte Gloria, vielleicht tröstet es dich in
deinem Schmerz, wenn ich dir versichere, dass ich mich bis
zum Schluss köstlich über dich amüsiert habe. Deine Lügen
... deine Heimlichkeiten ... jede Minute ein herzlicher Lacher!
Dein Gerd.

Tilly war längst bis an die Lippen erblasst. Zitternd legte
sie den Brief beiseite, griff hastig zum Telefon und wählte
Marks Telefonnummer. Alles in ihr sträubte sich, Gerds Worten zu glauben ...

Feine Schweißperlen traten auf ihre Stirn, als es einen
Moment später an ihr Ohr drang: „Kein Anschluss unter dieser Nummer!"

Stier

21. 04. — 21. 05.

Ein Kleiderschrank voller Erinnerungen

Lisa Reisenberg

Ein Tag wie jeder andere: Punkt sechs Uhr stand Hanne auf, duschte und weckte dann ihre zehnjährige Tochter für die Schule.

„Schätzchen, raus aus den Federn. Es ist gleich sieben Uhr." Anfangs war Lisa jedes Mal mit einem Satz aus dem Bett gewesen – einen vorwurfsvollen Blick auf die Mutter gerichtet. Was Hanne noch heute nicht richtig fassen konnte: Lisa hasste Unpünktlichkeit!

Heute ging sie Hanne nicht mehr auf den Leim. Sie brummelte etwas Unverständliches vor sich hin und zog sich die kuschelige Decke nochmals für zehn Minuten über den Kopf. Inzwischen kümmerte sich Hanne ums Frühstück: knackige Cornflakes für Lisa, starken Kaffee und Toast für Robert. Eine Stunde später saß Lisa im Schulbus, Hanne und Robert konnten noch eine gemütliche halbe Stunde zusammen genießen.

Ein ganz normaler Morgen! Aber mit den Acht-Uhr-Nachrichten endete er abrupt. Schweres Busunglück ... über zwanzig, zum Teil schwer verletzte Kinder ... Tote ... Schlagworte einer unbekannten Radiosprecherin.

Hanne riss entsetzt die Augen auf. Die Tasse klirrte auf den Tisch. „Ist das nicht ... "

„Mein Gott, Lisas Schulbus!" Kreidebleich ließ Robert das Messer fallen und sprang hoch.

„Ich komme mit!" Hanne schlüpfte bereits in ihre Jacke. Robert packte sie an den Schultern. „Nein, Hanne, du bleibst zu Hause!", bestimmte er. Was, wenn die Klinik anriefe? Oder die Polizei?

Zu Hause bleiben und warten? Wusste Robert eigentlich, was er da von ihr verlangte? In wenigen Minuten würde er am Unfallort sein, könnte Lisa helfen, sie im Arm halten und trösten, ihr Mut machen ... während sie, Hanne, in diese quälende Hilflosigkeit verbannt war. „Nein", beharrte sie stur, „ich komme mit!"

Normalerweise war Robert die Gutmütigkeit in Person, doch jetzt blitzte es in seinen Augen wütend auf. „Hanne, bitte!" Dann klappte die Wohnungstür hinter ihm ins Schloss.

Eigenartig, wie sich die Wahrnehmung plötzlich veränderte. Im einen Moment noch Geborgenheit, im nächsten schon Verzweiflung und Angst. Die Wohnung sah aus wie immer, doch nichts, kein noch so vertrauter Gegenstand gab Hanne das Gefühl, dass die Welt unverändert war. Im Gegenteil, alles machte ihr grausam klar, was sie verloren hatte.

Hanne lief ziellos durch die Wohnung, räumte den Tisch ab, ohne dass sie es wusste, goss die Blumen. Dann stand sie in Lisas Zimmer. Ein trockenes Schluchzen schüttelte sie. „O Gott, Lisa!"

Hannes Blick blieb an einem grünen Stofffetzen mit weißem Graffitimuster hängen. Vorwitzig lugte er aus der einen Spaltbreit geöffneten Schranktür hervor. Hanne überlegte, zu welchem Kleidungsstück er gehören mochte. Zu Lisas Lieblingsbluse? Nein, die war knallig pink – so knallig, dass Hanne verblüfft den Kopf geschüttelt hatte, als Lisa begeistert damit nach Hause kam. Einkäufe erledigte Lisa grundsätzlich nur mit ihrem Vater. Robert konnte ihr einfach nichts abschlagen.

„Was, wenn sich Lisa demnächst ein Modell Typ Plastiksack wünscht?"

Robert hatte gelacht. „Na, und? Wenn's ihr Spaß macht!"
Mit einem Ruck riss Hanne die Schranktüre auf, halb verrückt, da sie den Stofffetzen nicht zuordnen konnte. Natürlich! Das Minikleid, das Lisa an ihrem ersten Schultag getragen hatte. Ein einziges Mal nur, danach waren Jeans angesagt.

Das Telefon klingelte. Hanne raste ins Wohnzimmer. Atemlos und voller Furcht hob sie ab. „Bitte, bloß keine schlechte Nachricht!", betete sie. „Hallo?" Die Stimme versagte ihr fast.

Hannes Mutter war am Apparat. „Dieses schwüle, drückende Wetter!", klagte sie. Seit dem Aufstehen sei ihr entsetzlich schwindelig und schlecht, dazu diese quälenden Kopfschmerzen! Mutter hatte also noch keine Ahnung!

„Tut mir Leid, Mutter, es gibt Schlimmeres!", rutschte es Hanne barsch über die Lippen, dann legte sie auf.

„Warum war ich eben so gemein?", dachte sie und kehrte wie magnetisiert ins Kinderzimmer zurück. Zärtlich glitten ihre Finger über Lisas Blusen, Pullis, Jacken ... Mutter war vergessen. Hanne tauchte in eine vergangene, glückliche Zeit ab, die sie am liebsten nie wieder verlassen hätte. Da, ein weißer Angorapullover mit einer Bären-Applikation. Den Bär liebte Lisa innig, den Pulli gar nicht.

„Iih! Der kratzt!" Mit Beschwerden war sie großzügig. „Aber den Bären könnten wir rausschnippeln und an die Wand hängen." Hanne lächelte. Lisas Fantasie war unbeschreiblich. Der Bär blieb auf dem Pullover und der Pullover, nie getragen, im Schrank.

Was war das? In der hintersten Schrankecke lehnte ein violetter Regenschirm. Der Griff war ein wenig verbogen. Lisas übergewichtiger Großvater hatte sich einmal versehentlich darauf gesetzt, worüber Lisa nur herzlich gelacht hatte. Der schiefe Schirm störte sie wenig. Alles Schräge und Schrullige fand bei ihr stets begeistert Anklang.

Wieder klingelte das Telefon! Ärgerlich schreckte Hanne

hoch. Sie wollte hier, in der Nähe ihres Kindes bleiben. Für einen Schock war es später immer noch früh genug. Hartnäckig läutete es weiter. Endlich ging Hanne an den Apparat.

Agnes Fink, Lisas Lehrerin, war dran. Sie schluchzte unbeherrscht. Es zerrte an Hannes Nerven. Sie selbst mobilisierte seit jener Horrornachricht ununterbrochen ihre ganze Kraft, um nicht in Tränen auszubrechen, und nun das ...!

„Wissen Sie schon, wie's Lisa geht?"

„Nein", antwortete Hanne. „Robert ist bei ihr."

„Die Kinder, die hinter dem Busfahrer saßen, hat's am schlimmsten erwischt. Vor allem den kleinen Mark Henning."

Alles Blut wich aus Hannes Gesicht. Lisa saß immer auf den vorderen Plätzen, weil ihr dort während der Fahrt nicht schlecht wurde. Hannes Blick fiel ins Kinderzimmer. Sollte das alles sein, was ihr von Lisa blieb: Ein Kleiderschrank voller Erinnerungen? Sie konnte und wollte das nicht glauben! „Gibt es ... Tote?" Hanne flüsterte die Frage.

Agnes Fink antwortete: „Ja, den Fahrer des Wagens, der mit überhöhter Geschwindigkeit frontal in den Bus gefahren ist."

Plötzlich hörte Hanne die Wohnungstür. „Ich muss auflegen", sagte sie rasch und lief in den Flur.

Robert war zurück, das Hemd ölverschmiert und staubig, Kratzer im Gesicht ...

„Lisa ist in der Klinik. Sie lebt!", sagte er. „Alle Kinder leben!"

Hanne sah in einer Ecke Lisas flauschige Hausschuhe stehen, ordentlich nebeneinander gestellt, so wie Robert ihr das vor Jahren beigebracht hatte. Sie hob sie hoch, dann weinte sie haltlos.

Liebhaber und andere Lügner

Emma Jago

„Die drei Gesichter einer Ehe", dachte Doris und musterte sich kritisch vor dem Spiegel.

„So ist es nun mal, Schätzchen", murmelte sie und gebrauchte unbewusst den Kosenamen, den Paul anfangs benutzt hatte. Eine Ehe ist zu Beginn wie ein neuer Schuh, der noch ein wenig drückt und eingelaufen werden muss, fuhr sie in Gedanken fort, und dann später wie ein bequemer Pantoffel, und irgendwann wird die Ehe zu einer schlechten Angewohnheit.

„Und genau an dem Punkt bist du jetzt, altes Mädchen. Sieh dich doch nur an." Und als sei sie in einem Irrgarten, zerfloss vor dem Spiegel ihre Gestalt in aberwitzige Bilder, sie sah nur noch Puzzleteile von ihrer Figur, bis sie merkte, dass es Tränen waren, die ihren Blick trübten.

Doris schloss ihren Kimono, schnäuzte sich kräftig in ein Taschentuch und ließ sich in einen Sessel fallen.

„Und was nun?", setzte sie ihr Zwiegespräch fort. Wann war etwas in ihrer Beziehung schief gelaufen? Bei der Trauung war ihr Paul wie der Traummann vorgekommen. Er sah so verdammt gut aus in dem dunkelgrauen Smoking. Er hatte einen viel versprechenden Job in einer Werbeagentur, und sie war Fremdsprachenkorrespondentin in einer großen Spedition gewesen. Alles hatte gestimmt. Das Finanzielle, das Haus, ihre Urlaube überall auf der Welt, und auch ihre Liebe. Paul war sowohl ein zärtlicher als auch stürmischer Liebhaber gewesen. Er war auch heute noch zuvorkommend und sehr höflich, wenn er zu Hause war, was nicht mehr oft der Fall war. Noch nie hatte er den Hochzeitstag oder ihren Geburtstag vergessen. Nein, das nicht. Aber irgendwann hatte sich die Langeweile eingeschlichen wie ein Dieb, der in der Nacht einbricht und die Kostbarkeiten raubt, die einem am meisten ans Herz gewachsen sind. Und je höher Paul auf der Karriereleiter kletterte, desto mehr erfüllte diese öde Langeweile Doris' Leben. Ihr Tagesablauf war langweilig, ihr Halbtagsjob ebenfalls, die paar gesellschaftlichen Verpflichtungen erst recht, Paul tat im Bett nur noch einmal im Monat widerwillig seine Pflicht, und selbst der Papagei war langweilig geworden. Früher hatte er noch ein paar deftige Ausdrücke auf Lager gehabt. Aber jetzt bequemte er sich allenfalls noch zu einem trägen „Morn, morn".

„Ich muss was tun. So geht es nicht weiter." Doris wälzte sich die halbe Nacht im Bett. Bei Vollmond drehte sie ohnehin regelmäßig durch. Am Morgen kam sie zu einem Entschluss.

„Gnädige Frau", sagte der Leiter des Fitness-Studios, bei dem sie einen Termin vereinbart hatte.

„Gnädige Frau", wiederholte er. Doris hasste diese Anrede, sie kam sich dabei wie ihre eigene Großmutter vor. „Nun ja, wir haben da ein paar Toleranzabweichungen." Dieser unverschämt braun gebrannte Typ mit seiner gestählten oder gequälten „Trimm-Dich-Fit-Figur" taxierte sie wie eine Stute auf dem Pferdemarkt. „Aber diese kleinen figürlichen Irritationen bekommen wir bald weg, da bin ich mir sicher."

Gut, Doris wusste, dass sie ein paar Pfunde zu viel hatte und auch ihr Körper nicht mehr die Straffheit eines Teenagers besaß. Aber diese Ausdrücke, die der Kerl benutzte, klangen so, als sei sie verunstaltet. Dennoch, sie hatte sich entschlossen, hier einen Kurs zu belegen, und sie würde es tun.

Bei ihrer ersten Stunde stellte sie beruhigt fest, dass es noch mehr von diesen armseligen Mitmenschen, Weiblein und Männlein, gab, deren Toleranzen irritiert waren. Von schwabbelnden Bäuchen, überquellenden Schenkeln bis zu schlaffen Brüsten war hier alles vertreten. Und alle bemühten sich, den unerreichbaren Idolen nachzueifern, ließen sich schweißtreibend malträtieren und zahlten dafür noch.

An ihrem dritten Abend, Doris hatte Paul bei seiner letzten häuslichen Stippvisite nichts von ihrem neuen Hobby, von wegen, Sklaventreiberei war das, erzählt, er sollte selbst ihre körperliche Veränderung bemerken, kämpften ihre Arme mit Gewichten, und ihre Beine versuchten im stetigen Rhythmus Pedale, die immer schwerer und schwerer wurden, daran zu hindern, sie endgültig zu erschlagen. Sie lag auf dem Rücken und keuchte. Schweiß rann ihr über das Gesicht und vernebelte ihren Blick. Dennoch nahm sie einen Augenblick äußerst wohl geformte männliche Schenkel wahr, die in einer knallengen Sporthose, Marke Hühnerhof, in dem als einziger der Gockel vorstand, an ihr vorbeispazierten.

Beinahe vergaß sie zu treten. Eine Minute musste sie noch aushalten, als sie eine Stimme von nebenan hörte.

"Warum tun Sie sich dieses Martyrium an?"

Als nach dem erlösenden Pling der Glocke die Folterinstrumente stillstanden, erhob sich Doris japsend und sah ihren Nachbarn an, der spielerisch auf dem Rücken liegend mit zwei Gewichten hantierte, während seine Beine irgendwelche Stahlbänder in einem lockeren Grätschschritt bewegten.

„Das haben Sie wirklich nicht nötig." Er sprach so gelassen, als läse er seine Zeitung.

„Schon mal was von Toleranzabweichungen gehört?" Doris fühlte sich immer noch wie ein Hürdenläufer kurz nach dem Ziel.

„O Gott, das hat Charlie, das Schlitzohr, zu Ihnen gesagt, um Sie als Kundin zu gewinnen. Auf diesen Trick fällt jede Frau herein. Ich kenne kein weibliches Wesen, das wirklich mit seiner Figur zufrieden ist." Der Mann drückte auf einen Knopf, die Geräte blieben stehen. „Hören Sie, warum gehen wir nicht in die Cafeteria und erholen uns bei einem Drink?"

Nach zwei Soda und einem anschließenden Prosecco fand Doris ihr Gegenüber, das Manfred hieß, nicht nur wegen seiner Schenkel sympathisch, sondern weil er einfach gut zuhören konnte, auch wenn sie ihm sicherlich zu viel erzählte.

„Ist Ihr Mann Ihnen eigentlich treu?"

Auf diese Frage war Doris nicht gefasst gewesen.

„Natürlich, was denken Sie? Das heißt ..."

Sie stutzte, schwieg und dachte eine Weile nach. Im Grunde wusste sie nichts über Paul, wenn er auf Reisen war. Manchmal roch er ein wenig seltsam, wenn er zurückkam. Aber sie hatte das auf die langen Flugzeiten geschoben.

„Wissen Sie, ein Mann ist und bleibt ein Hahn, der überall, wo er ein Huhn entdeckt, auf seinem Vorrecht beharren wird. Verzeihen Sie das Bild."

Doris grinste, und auf einmal war sie strahlender Laune. Dieser Gockel kam ihr gerade Recht. Hatte sie nicht vorhin bei seinen engen Hosen dasselbe Bild vor Augen gehabt? Wenn Paul eine Geliebte hatte und deshalb ihre Beziehung so trist geworden war, vielleicht sollte Doris sie dann mit einer heißen Affäre zu beleben versuchen?

„Zieh dich an, wir gehen." Manfred schien ihre Gedanken erraten zu haben. „Wann kommt dein Mann zurück?"

„Übermorgen." Doris konnte nur noch wispern.

„Dann fahren wir zu dir."

Doris hielt in der Garageneinfahrt, als hinter ihr Manfreds Wagen einbog. Ihre Knie fingen zu zittern an. Das war absolut verrückt, wahnsinnig und wahrscheinlich der größte Fehler ihres Lebens.

War es nicht. Als Manfred irgendwann nach Mitternacht sagte: „Du, ich muss nach Haus, sonst wird meine Frau eifersüchtig", fühlte Doris zuerst einen Stich des Schmerzes, so als sei sie zu früh verlassen worden, aber andererseits war es auch in Ordnung. Manfred war ein toller Liebhaber und genau das, was sie seit Pauls ständiger Abwesenheit vermisst hatte. Und eine Affaire mit einem verheirateten Mann bot viele Vorteile. Der Betrüger war vorsichtig und diskret, schon aus Angst, dass irgendetwas die Ehefassade gefährden könnte, und bei jedem Date war die Lust umso größer.

Selbst Paul schien das bei einer seiner seltenen Anwesenheiten zu spüren.

„Schätzchen, du siehst fantastisch aus. Was hast du in der letzten Woche gemacht? Du hast abgenommen und siehst in diesem Body hinreißend aus."

„Nur ein wenig Sport", sagte Doris, als sie in seinen Armen lag. Doch die Veränderung ihrer Figur war wirklich nicht über das Fitness-Studio gekommen, sondern durch Manfred, der gestern wieder ...

Sie keuchte und schrie, als Paul in sie eindrang. Beide Körper bewegten sich in einem immer rascheren Rhythmus, sie ließen sich von ihrer Begierde treiben, und als Doris ihren Höhepunkt erreichte, schluchzte sie:

„Bitte, Manfred, komm."

Nach einem Augenblick der Stille fühlte sie gar nichts mehr.

„Wer ist der Kerl?"

Doris öffnete die Augen. Paul stand nackt vor dem Bett. Nichts, aber auch gar nichts mehr erinnerte daran, dass er noch vor wenigen Sekunden als mächtiger Platzhirsch sein Revier verteidigt hatte.

„Vergiss es, es war ein Traum.“

„Ach, nennt man das so? Während wir uns liebten, träumst du von einem anderen Kerl? Nun weiß ich endlich, was du machst, während ich auf meinen Dienstreisen dein Luxusleben finanziere.“ Paul drehte sich um und verschwand, ein Bild hängender Verzweiflung, im Gästezimmer.

Zwei Tage schwiegen sie sich an.

„Ich muss bis nächsten Dienstag nach Turin. Amüsier dich gut mit deinem Lover.“

„Ich habe keinen Lover, und ich werde zu meiner Mutter fahren. Sie wartet schon lange auf meinen Besuch.“ Die Ausrede klang nicht sehr überzeugend.

„Muss ich über diesen Witz lachen? Na gut, dann weiß ich Bescheid.“

Mit diesen Worten hatte sich Paul in das Auto gesetzt und war zum Flughafen gefahren.

Endlich konnte Doris ihr Handy abhören. Auf ihrer Mailbox waren fünf Nachrichten von Manfred, die alle den gleichen Wortlaut hatten: „Ich liebe dich. Wann kann ich dich sehen?“

„Bitte, komm, so schnell du kannst, ich bin vier Tage allein“, sprach sie ihm auf die Box.

Manfred kam und blieb wunderbare achtundvierzig Stunden. „Meine Frau ist bei ihrer Schwester. Wir haben so viel Zeit für einander.“

Zeit war ein relativer Begriff. Doris kuschelte sich an Manfred, der den Schlaf der befriedigten Erschöpfung schlief, und streichelte seine Schenkel und seine Brustwarzen, die sich ein wenig aufstellten.

„Ich kann nicht mehr“, hörte sie ein schläfriges Flüstern.

„Nur noch einmal“, bat Doris und beugte sich über den müden Körper, der auf einmal wach wurde und reagierte. Einmal wollte sie diesen Mann noch für sich haben, ganz allein, auskosten bis zu der erlösenden Ekstase. Sie wusste, irgendetwas würde noch geschehen.

„Liebes, du bringst mich um. O Gott, lass es nicht aufhören." Manfred packte Doris an den Schultern, umklammerte sie. Sie rangen miteinander, als wollten sie den Untergang der Titanic verhindern, und ließen sich, erschöpft und schweißüberströmt, auf die Kissen zurückfallen.

„Ich dachte, das ist das Letzte, was ich ...." Manfred strich behutsam über Doris Brustwarzen, als sich die Tür öffnete.

„Na, das ist nun wirklich das Letzte."

Paul stand in der Tür, hinter ihm eine blonde, sehr elegante und ungemein aufgestylte Frau.

„Paul, du?" Doris suchte die Bettdecke, die auf dem Boden lag. „Mein Mann", sagte sie überflüssig.

„Du hier, Silvie?" Auch Manfred suchte nach irgendetwas, das seine Blöße bedecken konnte.

„Deine Frau?" Doris hatte ihren Kimono gefunden und hüllte sich darin ein.

„O nein, meine Schwester ist das, die mich immer noch gängeln will."

„Was? Bist du gar nicht verheiratet?" Doris war zu verwirrt, um einen klaren Gedanken fassen zu können.

„Paul, warum bist du hier, und woher kennst du diese Frau?" Sie drehte sich zu Manfred um.

„Und warum lügst du, fängst mit mir ein Verhältnis an, wenn du nicht verheiratet bist? Das war doch alles so praktisch, du, deine Frau, ich und mein Mann? Und jetzt?"

„Gerade, weil ich nicht verheiratet bin, wollte ich mit dir ... Hättest du gewusst, dass ich keine Frau habe, hättest du dich nie auf mich eingelassen, und dann hätte ich doch nie bei dir ... Hörst du mir überhaupt noch zu?"

„Silvie ist meine Pressereferentin. Zu ihrem Job gehört Kombinieren und manchmal auch ein wenig Spionieren. Und sie ist verdammt gut darin."

Paul begleitete die blonde Frau aus dem Zimmer, und

Doris zog Manfred in das Bett zurück.

„Schau dir unsere beiden Störenfriede an. Sie scheinen sich blendend zu verstehen. Und was machen wir jetzt?"

Von Manfred kam keine Antwort. Doris hatte auch keine erwartet. Sie wusste sie selbst nicht.

Auch ein Pfennig reicht zum Glück!

Martina Peters

*W*ow! Tolle Lederjacke!", staunte Maja an jenem Freitag Nachmittag. Irritiert horchte Belle auf. Schwang da so was wie Neid in Majas Stimme mit? Nein, sie konnte es nicht glauben! Okay, die meisten Girls waren glühend neidisch auf sie. Wegen Lukas. Aber doch nicht Maja! Schnell verdrängte Belle den Gedanken wieder.

„Ein Geschenk von Lukas", antwortete sie stolz und drehte sich begeistert vor dem Spiegel. „Super!", dachte Belle. Sie sah wirklich klasse aus. „Oh, Lukas! Du bist unheimlich süß", schwärmte sie innerlich. Ein Boyfriend wie er war der Traum aller Girls: Mit seinen breiten Schultern und den hellblauen Strahleaugen sah er total obercool aus. Aber das Schönste: Das Girl, das er liebte, verwöhnte er tierisch! Ein schnuckeliges Geschenk hier, ein niedliches Geschenk da ... Lukas überschüttete sie regelrecht mit seinen großen und kleinen Kleinigkeiten. Und Belle liebte alles, was exklusiv und von materiellem Wert war: schöne Klamotten, ein schickes Essen und Wochenendausflüge mit ihren Freunden. Sie genoss das alles in vollen Zügen. „Tja, Glück muss man haben", dachte sie oft. Und ihr Glück hieß Lukas. Woher er das viele Geld für die Geschenke nahm, interessierte sie gleich null. Wahrscheinlich von seinen Eltern, denen eine Baufirma gehörte und Kohle ohne Ende schoben. Logo, deshalb fiel Lukas' Taschengeld so gigantisch aus. Tja, wenn Belle dagegen an ihr eigenes mickriges Taschengeld dachte, bekam sie echt die Krise. Sie hatte so viele unerfüllte Wünsche! Na egal, sie hatte ja alles und wenn nicht – Lukas würde es ihr schon kaufen. Oder er steckte Belle lässig den einen oder anderen Fuffi zu. Abgesehen davon, dass sie Lukas liebte, kam es ihrer Bequemlichkeit gerade recht, dass Lukas ihr jeden Wunsch erfüllte. Nur, dass sich daran irgendwann mal was ändern könnte, an das verschwendete Belle keinen Gedanken. Wieso auch? Nichts würde sich ändern! Nichts!

„Nun komm endlich, Maja", drängelte Belle nach einer Weile. „Die anderen warten sicher schon auf uns!" Beschwingt schlüpfte sie in ihre nagelneuen Sneakers, die sie sich von ihrem letzten Taschengeld in einem trendigen Exklusiv-Shop gekauft hatte. Freitagnachmittags traf sich die Clique regelmäßig zum Quatschen im Parkcafé. Maja zögerte. „Och, no time", seufzte sie leise. „Ich brauch dringend Knete. Du weißt doch ..." Maja wollte schon so lange übers Weekend mit ihrem Skaterclub zu einem Turnier nach Österreich fahren. Deshalb jobbte sie neuerdings immer freitags als Fahrradkurier.

„Arbeiten!", verächtlich rümpfte Belle die Nase. „Muss das sein? Lass doch diese doofe Maloche. Heute ist only Fun angesagt."

Ohne Vorwarnung sprang Maja auf und polterte sofort wütend drauf los. „Leider hab ich weder Eltern noch einen Boyfriend, die mich kohlemäßig sponsern!", entfuhr es ihr hitzig. „Und überhaupt hast du dich inzwischen zu 'ner ziemlich verwöhnten Zicke verwandelt. Mit deinem lächerlichen, arroganten Getue gehst du mir schon lange tierisch auf den Geist." Plötzlich stoppte Maja erschrocken, sah Belle zwei, drei Sekunden mit funkelnden Augen an und stürmte dann aus ihrem Zimmer. Weg war sie!

Entgeistert starrte Belle vor sich hin. „Was ist 'n der über die Leber gelaufen", dachte sie verwirrt. Doch allmählich dämmerte es Belle: Natürlich! Auch Maja war eifersüchtig – und total neidisch! Belle mochte es gar nicht, wenn sich jemand in ihr Leben einmischte. Schließlich ließ sie selbst die anderen ja auch in Ruhe. Was Belle einfach nicht checkte, war, was Maja ihr eigentlich damit hatte sagen wollen: Dass es eben nicht für jeden selbstverständlich ist, endlos Money zu haben. Die allermeisten mussten auch etwas dafür tun. Jobben, sparen ... Da gibt's 'ne Menge Möglichkeiten. Aber noch war Belle viel zu verbrettert, dass sie Majas tieferen Sinn kapiert hätte. Also lenkte sie ihre Gedanken schnell auf Lukas. Er hatte bestimmt wieder 'ne coole Überraschung für Belle auf Lager. Ihr Herz klopfte schon jetzt vor Aufregung!

Als Belle kurz darauf im Parkcafé ankam, waren schon alle da – bis auf Lukas! „Das gibt's doch nicht", dachte sie verdutzt. Bisher hatte er sich noch bei keinem Date verspätet. Pah, verspätet! An diesen Nachmittag kreuzte er überhaupt nicht auf. Wut kroch in Belle hoch. „Na warte, mein Schatz,", dachte sie trotzig. „Dir werd ich aber mal was erzählen, von wegen versetzen, und so ..." O nein! So durfte Lukas nicht mit ihr umspringen – so nicht!

Schon ein paar Tage später stellte Belle Lukas am Montag zur Rede. Wie jeden Mittag hatten sie sich in ihrem Lieblingscafé getroffen. Doch er ließ sie gar nicht erst ausreden.

„Ich hab auf das Baby meiner Schwester aufgepasst", unterbrach er Belles Vorwürfe. „Und? Was dagegen?" Das trotzige Funkeln in seinen Augen erinnerte sie stark an Maja. Sofort wurde Belle unbehaglich zu Mute. Sollte sich zwischen den beiden etwas in Richtung Love abspielen? „Himmel, nein, bloß das nicht!", erschrak Belle. Angst packte sie plötzlich, und Panik. Doch beides schmolz in dem Moment wie Butter in der Sonne dahin, als Lukas ein kleines, buntes Päckchen aus seiner Tasche hervorzauberte. „Für dich!", flüsterte er.

Sofort riss Belle das Päckchen gierig auf. Ein wunderschöner Ring kam zum Vorschein – Gold, mit niedlichen Edelsteinchen besetzt. Jauchzend flog sie Lukas um den Hals und küsste ihn stürmisch. Alles, ja, alles war wieder okay! Glaubte Belle jedenfalls. Erst die folgenden Wochen öffneten ihr erbarmungslos die Augen. Lukas veränderte sich. Immer öfter versetzte er sie. Und was Belle total fertig machte, war, dass er ihr nicht mal mehr sagte, wieso. Hartnäckig wich er ihren Fragen aus. Doch was die Katastrophe hoch drei für Belle war: Sie bekam auch keine Geschenke mehr von ihm! Belle stand vor einem absoluten Rätsel! Was war bloß mit Lukas los? Welches Geheimnis versteckte er vor ihr? Und weshalb behandelte er sie plötzlich wie Luft? Belle kam aus dem Grübeln nicht mehr heraus. Etwas war geschehen. Doch was ...?

Normalerweise dauerte es wirklich lange, bis Belle sich über etwas aufregen konnte, aber nun war dieser Punkt erreicht! Sie spürte, dass in ihr ein Vulkan zu brodeln begann, der sich kaum noch bändigen ließ. Wenn Lukas nicht endlich Klarheit in ihre Beziehung brachte, würde er explodieren! Ein Zustand, der für Belle täglich unerträglicher wurde. Sie musste etwas tun.

Dann kam jener Tag, der alles ändern sollte. Belle machte sich nach einigen Stunden Frust-Shopping voll bepackt auf den Heimweg. Da sie durstig und hungrig war, stürmte sie spontan in den nächsten Supermarkt, um sich 'ne Coke zu kaufen. Und da sah sie ihn. Lukas! Lukas, in einem weißen Mantel. Eilig stapelte er Getränkekästen aufeinander. „Nee, das gibt's doch nicht", dachte Belle entgeistert. Lukas jobbte? Wieso ...?

Wie magnetisiert zog es Belle zu ihm. „Lukas", sprach sie ihn lässig an. „Was machst 'n hier?"

Wie von einer giftigen Viper gebissen, fuhr er herum. „Äh ..." Lukas war viel zu verblüfft, um gleich antworten zu können. Wenn er mit allem gerechnet hatte, mit Belle jedenfalls nicht. Rasch fasste er sich. Mit einem gleichgültigen Schulterzucken antwortete er: „Geld verdienen, Prinzesschen. Oder wonach sieht's für dich aus?"

Fassungslos starrte ihn Belle an. „Versetzt du mich deshalb pausenlos? Weil du ... jobbst?" Beim letzten Wort sanken Belles Lippen verächtlich herab.

Lukas packte sie grob am Arm und zog sie hinter die Getränkekästen, wo sie einigermaßen ungestört waren. „Meine Eltern haben echte finanzielle Probleme, verstehst du?", zischte er sauer. „Möglicherweise verlieren sie die Firma. Nicht, dass ich jobben müsste, um die paar Mark Taschengeld geht's gar nicht. Aber mir ist es lieber so! Mein Dad ist voll stolz auf mich." Müde winkte Lukas ab. „Weißte, ich hab ganz andere Sorgen als dich und deine Geschenke. Aber das checkst du ja doch nicht. Sei ehrlich, Belle ..." Lukas sah ihr ernst in die Augen. „Du liebst mich doch nur wegen meiner Geschenke, stimmt's? Moos, Kies, Geld, etwas anderes hast du doch gar nicht im Kopf. Und auf so 'n Girl kann ich echt verzichten! Tja ..." Noch einmal zuckte er mit den Schultern. „Ciao. Ich muss weiterarbeiten." Damit wandte er sich ab und verschwand in irgendeiner Lagerhalle.

Wie vom Donner gerührt, trabte Belle nach Hause. Lukas hatte ihr den Laufpass gegeben. O Gott, tat das weh!

Endlich daheim, knallte Belle ihre Tüten in die Ecke und warf sich heulend aufs Bett. Nicht mal ihre neuen, trendy Klamotten machten ihr mehr Spass ...

Die folgenden Tage ging es Belle keine Spur besser. Aber inzwischen verstand sie Lukas besser. Klar, dass er so über sie denken musste! Viel zu oft hatte sie jene versteckten Andeutungen gemacht: „Du, dieses T-Shirt wär niedlich ..." Oder: „So 'nen klitzekleinen Glitzerring hab ich mir schon immer brennend gewünscht ..." Und Lukas hatte gekauft und gekauft. Trotzdem konnte Belle einfach ihren Hals nicht voll kriegen. Was hatte sie nur getan!

Und wieder ein paar Tage später wurde Belle klar, dass

sie Lukas tatsächlich um seiner selbst willen liebte. Ihn, nicht seine Geschenke. Und egal, wen auch immer Belle in ihr Herz geschlossen hatte, dann war es für immer! Lukas fehlte ihr schrecklich. Um nichts auf der Welt wollte sie ihn verlieren. Und erst recht nicht wegen Geld! Trotz ihrer Traurigkeit war Belle aber auch gleichzeitig erleichtert. Nun endlich konnte sie wenigstens handeln. Sie musste Lukas klarmachen, dass auch sie Verantwortung übernehmen konnte. Sie musste ihm beweisen, dass sie zu ihm stand, egal, was kommen würde. Und plötzlich hatte Belle eine zündende Idee! Ihre Miene erhellte sich ... War gegenüber dem Supermarkt nicht ein kleiner Buchladen ...?

Lukas haute es fast vom Hocker, als er mitkriegte, dass Belle dort jobbte. „Hey!", zog sie ihn während der Mittagspause auf. „Was du kannst, kann ich schon ewig. Wenn du magst, zahl ich dir 'nen Hot Dog." Das Eis brach! Verliebt wie nie, zog Lukas sie in den Arm.

Und Maja? Maja war beim Skater-Wettbewerb für das Finale qualifiziert worden, das Wochen später wieder in Österreich stattfand. Klar, dass Lukas und Belle sie begleiteten! Wer die Tickets bezahlte? Belle, die ihren – Lukas, die seinen. Logo, oder?

Zwillinge

22. 05. — 21. 06.

Frau ohne Gedächtnis

Lisa Reisenberg

Dieses Lächeln! Dieses attraktive Gesicht! Woher kannte sie es bloß? Ines versuchte, sich zu erinnern.

„Darf ich Ihnen Dr. Jonas Bork vorstellen?", riss der grauhaarige Chefarzt sie aus ihren Gedanken hoch. „Bei ihm sind Sie in den richtigen Händen."

„Ja", dachte Ines. „Ich vertraue ihm." Denn plötzlich wusste sie wieder, woher sie dieses Lächeln kannte.

„Zehn Wochen", seufzte sie nach einer Weile, „und noch keinen Schritt weiter." Wie schon so oft flackerte leise Angst in ihren Augen auf. „Werde ich mich je wieder erinnern? Wenigstens zu meinem Namen müsste ich inzwischen einen inneren Bezug gefunden haben. Doch nichts! Ich bin ... niemand, namenlos, ein Mensch ohne Vergangenheit ..."

„Sie müssen Geduld haben, Frau Waidinger", empfahl Dr. Anselm sanft. „Außerdem rate ich Ihnen dringend ..."

„Nein!", unterbrach sie ihn heftig. „Geben Sie sich keine Mühe. Ich möchte meinen Mann nicht sehen. Jedenfalls nicht, so lange ich in diesem Zustand bin."

Nachdenklich runzelte Ines die Stirn. „Philip Waidinger", dachte sie, „mein Ehemann!" Auch an ihn konnte sie sich nicht mehr erinnern. Seit jenem schrecklichen Verkehrsunfall war die Vergangenheit wie ausgewischt ...

„Anterograde Amnesie", hatte Dr. Anselm diagnostiziert, kaum dass Ines aus ihrer tiefen Bewusstlosigkeit erwacht war und sich verzweifelt an irgendetwas zu erinnern versuchte. „Das kann vorkommen, aber machen Sie sich bitte keine Sorgen, wir kümmern uns um Sie."

Die folgenden Tage, oder waren es Wochen?, verbrachte Ines in einer Art Dämmerschlaf. Sie spürte nichts, dachte nichts. Nur manchmal tauchten schemenhafte Gestalten an ihrem Bett auf, redeten mit ihr, stellten Fragen ... Das heißt, ein Gesicht tauchte immer wieder deutlich durch den Nebel auf. Ein Arzt? Ein Pfleger? Dr. Borks Gesicht, wie sie seit eben wusste. Sein Lächeln damals wirkte beruhigend. Und manchmal schien es ihr, als streichle eine zärtliche Hand über ihr Haar. Eine tiefe Geborgenheit erfasste sie dann jedes Mal und ein Gefühl von Sicherheit. Alles würde gut werden, wusste sie instinktiv. Alles ...

Endlich erwachte Ines. Der beklemmende Nebel lichtete sich, sie kehrte ins Leben zurück, zwar noch schwach und erschöpft, doch auf dem Weg zur Besserung. Dr. Anselm stand an ihrem Bett, als Ines sich fragend in dem sauberen, praktisch möbilierten Krankenzimmer umsah. Er erzählte ihr ausführlich von dem Unfall, den sie erlitten hatte, den Rippenbrüchen, Hautabschürfungen und ihrer schweren Gehirnerschütterung, die der Grund für die Erinnerungsstörung war. „Aber keine Sorge", schloss er seinen Bericht, „mit der Zeit gibt sich das von selbst. Mit der Hilfe Ihres Mannes werden Sie Ihre Vergangenheit rasch wiederfinden."

„Mein Mann?" Erschrocken hatte Ines die Augen aufgerissen. „Nein! Ich kann nicht. Niemals! Er ist mir ja doch nur schrecklich fremd. Bitte, Dr. Anselm, geben Sie mir noch ein wenig Zeit."

Wieder verstrichen Wochen, die angefüllt waren mit Untersuchungen, Therapien und der verzweifelten Suche nach der Vergangenheit. Außer, dass Ines' körperliche Schrammen und Wunden verheilten, geschah aber nichts. So sehr sie sich auch bemühte, es war, als starre sie auf ein schwarzes, undurchdringliches Tuch, hinter dem ihre Vergangenheit verborgen war.

„In einer Woche werden wir Sie entlassen", entschied Dr. Anselm irgendwann. „Körperlich sind Sie wieder völlig gesund. Um Ihre Amnesie wird sich von nun an Dr. Bork kümmern, der übrigens mit Ihrem Mann in regelmäßiger Verbindung bleibt."

Und nun stand Ines den beiden Ärzten gegenüber und fragte sich unsicher, wie wohl ihre Zukunft aussehen mochte. „Gibt es überhaupt eine Zukunft, wenn die Vergangenheit fehlt?", überlegte sie. Schnell straffte sie ihre Schultern. „Wenn nötig, werde ich mir eine neue Vergangenheit schaffen. Es gibt immer einen Weg."

Ein letztes Mal drückte ihr Dr. Anselm die Hand. „Alles Gute", verabschiedete er sich. Dann war sie mit Dr. Bork allein. „Ihr Mann hat ein Hotelzimmer in der Nähe der Klinik organisiert", erklärte er. „Ich bringe Sie rasch hin. Und bitte, nennen Sie mich Jonas, ja?"

Die paar Schritte zum Hotel gingen Ines und Jonas zu Fuß. Sie dachte an Philip. Wie er wohl aussah? Groß, schlank? Blond oder dunkelhaarig? Weder in ihrem demolierten Wagen noch in ihrer Handtasche hatte man ein Foto von ihm gefunden. „Wieso nicht?", sann Ines. „Trägt nicht jeder Fotos der Menschen mit sich, die er liebt? Wieso ich nicht?"

„Haben wir uns geliebt?", rutschte es Ines ungewollt über die Lippen. „Ich meine, Philip und ich?"

„Ihr Mann sagt ja", antwortete Jonas. „Sehr sogar."

„Kinder?"

„Keine. Aber Sie beide wünschten sich eines."

Ines runzelte die Stirn. Nicht einmal daran erinnerte sie sich. Aber sie musste mit Philip tatsächlich glücklich sein, so viel stand fest. Hätten sie sonst ein Baby geplant?

Im Hotelzimmer angelangt, holte Jonas einen Stapel Fotos aus seiner Aktenmappe. „Die hat mir Ihr Mann zugeschickt. Sehen Sie, Ihre Familie." Nacheinander drückte er ihr die Bilder in die Hand und erklärte: „Ihre jüngste Schwester Katja. Unverheiratet, studiert Philosophie. Ihr Bruder Jochen, Wirtschaftsprüfer, geschieden, zwei Töchter. Ihre Eltern. Ihre beste Freundin Vanessa. Sie haben sie hier in Düsseldorf besucht."

Hoffnungsvoll blickte Ines auf die Fotos, horchte angespannt nach innen, ob sich nicht irgendein vertrautes Gefühl in ihr regte. Nach einer Weile schüttelte sie deprimiert den Kopf. „Nichts", flüsterte sie. „Ich empfinde nichts für diese Menschen. Sie sind mir alle fremd."

Behutsam nahm Jonas ihre Hand und drückte sie sanft. „Das kommt sicher noch", tröstete er. „Nur nicht aufgeben."

Die Wärme, die der Arzt ausstrahlte, ging Ines durch und durch. Sie war froh, dass er bei ihr war. „Gibt es kein Foto von Philip?", brach sie die seltsame Stimmung, die sie plötzlich gefangen hielt.

„Nur dieses." Jonas reichte ihr ein Bild, auf dem Philip nur klein und verschwommen im Hintergrund zu erkennen war. Er tollte gerade übermütig mit einem Collie über die Wiese.

„Schade", seufzte sie, „jetzt weiß ich wieder nicht, wie er aussieht."

Jonas versprach, mit Philip zu reden, damit er ein besseres schickte. Dann erzählte er ihr, dass Philip erfolgreich in der Computerbranche arbeitete, wie Ines auch. Über den Beruf hatten sie sich schließlich kennen und lieben gelernt. Sechs Jahre waren sie nun glücklich verheiratet. „Das jedenfalls hat mir Ihr Mann erzählt", schloss Jonas seinen Bericht.

Glücklich. Ein Wort, das plötzlich an Bedeutung gewann. „Wie glücklich bin ich mit Philip?", überlegte Ines. „Sehr glücklich? Oder leben wir nur mehr aus purer Gewohnheit zusammen?" Tausend Fragen wurden auf einmal in ihr wach. Fragen, die eigentlich nur Philip beantworten konnte.

Am nächsten Vormittag kreuzte Vanessa unerwartet bei

Ines auf. Mit einem fröhlichen Lachen spazierte sie ins Zimmer und umarmte Ines herzlich. „Von Philip weiß ich, dass du hier vorübergehend wohnst. Ich bin da, um dir zu helfen." Ines fühlte sich gleich zu der jungen Frau hingezogen. Fremdheit kam gar nicht erst auf. „Liebe ich Philip, Nessi", kam Ines sofort auf den Punkt.

„Nessi?", wiederholte Vanessa verdutzt. „Nur du nennst mich so. Hat dir das Dr. Bork erzählt?"

Irritiert schüttelte Ines den Kopf. „Nein, das ist mir einfach so ... eingefallen?"

„Wie wunderbar!", jubelte Vanessa. „Dein Gedächtnis kehrt zurück."

Noch wagte Ines nicht zu hoffen, doch der dunkle Schleier hatte endlich einen Riss.

„Philip liebt dich über alles", beantwortete Vanessa Ines' Frage. „Nur du warst dir in letzter Zeit über deine Ehe nicht mehr so sicher. Nein, nein, kein anderer Mann. Ich glaube, der Alltagstrott hat dich ein wenig mürbe gemacht."

„Aber wir wünschten uns doch ein Kind."

„Philip wünschte es sich. Als er dir den Vorschlag machte, fühltest du dich massiv unter Druck gesetzt und kamst zu mir. Für ein paar Tage nur, um Klarheit in dir zu schaffen. Tja, auf der Fahrt hierher passierte dann der Unfall. Wir alle waren außer uns vor Sorge. Vor allem Philip. So oft es ging, wachte er an deinem Bett."

„Philip war in der Klinik?" Ines war fassungslos. „Wieso hat mir das niemand gesagt?"

„Philip wollte es so." Vanessas Gesicht wurde ernst. „Er wünscht sich nur eines, Ines: dass du wieder völlig gesund wirst. Und wenn du zu ihm zurückkehrst, dann nur, weil du es selbst von ganzem Herzen willst."

Verwirrter denn je blickte Ines vor sich hin. Was empfand sie für Philip? Was? Sie konnte unmöglich zu ihm zurückkehren, so lange sie das nicht glasklar wusste. Jetzt noch viel weniger als vorher. Irgendwie hatte Vanessa mit ihrem

Geständnis unabsichtlich die Tür zu Philip zugeschlagen.

„Ich will mich erinnern. Ich muss einfach!", sagte Ines abends zu Dr. Bork. Sie hatten gerade in einem nahen Restaurant zusammen abendgegessen und spazierten nun zurück zum Hotel. Die Dämmerung war bereits hereingebrochen und ließ die Umgebung unwirklich erscheinen. „Wenn nicht ..."

Erstaunt blieb Jonas stehen. „Unsinn. Bleiben Sie locker, Ines. Entspannen Sie sich", riet er. „Mit Druck erreichen Sie gar nichts. Freuen Sie sich lieber, dass Sie gesund sind." Er nahm ihr Gesicht in seine Hände. „Das Leben ist so schön", flüsterte er. „So schön wie Sie, Ines."

Ines begriff, dass Jonas sie gleich küssen würde. In seinen Augen las sie seine Sehnsucht nach ihr. Und plötzlich hatte auch sie den brennenden Wunsch, gehalten, geküsst und geliebt zu werden. Aber da war auch eine leise Abwehr in ihr. „Ich kann nicht!", dachte Ines. „Philip ..." Doch als Jonas' Lippen die ihren sanft berührten, verflogen alle Zweifel. Sie schlang ihre Arme um seinen Hals und erwiderte seinen Kuss mit derselben Leidenschaft.

Als sie sich wieder voneinander lösten, bat Ines: „Bleib bei mir, Jonas. Ich habe keine Ahnung, was morgen oder übermorgen sein wird, doch heute nacht gehöre ich dir."

Was Ines gerade jetzt nicht für möglich gehalten hätte, traf ein: Sie verliebte sich. All ihre Gedanken drehten sich einzig um Jonas. Sie sehnte sich nach seiner Nähe, seinen Umarmungen, sie wünschte sich nichts so sehr, als mit ihm für immer zusammen zu sein.

„Mein Leben ist das reinste Chaos", sagte sie ein paar Tage später zu Vanessa. „Ich weiß nicht, wer ich bin, woher ich komme, und was ich will. Aber ich bin überglücklich! Verrückt, oder?"

Vanessa verzog das Gesicht. „Na ja", antwortete sie, „eben typisch verliebt." Sie holte tief Luft. „Und was ist mit deiner Amnesie? Erinnerst du dich wieder?"

Ines nickte. „Manchmal steigen Bilder in mir auf", erzählte sie. „Ich sehe mich als Kind mit Katja Ball spielen, oder laufe durch die Uni. Einmal fiel mir ein Streit mit Mutti ein. Es ging um Philip."

Vanessa lachte. „Jaja, deine Mutter mochte ihn anfangs gar nicht. Heute ist sie Feuer und Flamme für ihn."

Ein seltsames Gefühl beschlich Ines. Noch immer war sie sich nicht im Klaren darüber, wie sie zu Philip stand. Manchmal, wenn Jonas sie in seine Arme schloss und küsste, glaubte sie, Philips Arme und seinen zärtlichen Mund zu spüren. Plötzlich war da etwas Vertrautes zwischen ihnen, das sie von ihrer Ehe her kannte. Und was Ines noch mehr verwirrte: Einmal glaubte sie Philip vor ihrem inneren Auge zu sehen, doch er hatte Jonas' Gesicht.

„Das muss aufhören!", dachte sie danach entsetzt. Jonas, der sie so glücklich machte, hatte diesen geistigen Betrug nicht verdient. Ines entschloss sich, einen rigorosen Strich unter ihre Vergangenheit zu ziehen.

„Apropos Philip", sagte sie zu Vanessa, „ich werde die Scheidung einreichen!"

„Was?", stieß die Freundin verdutzt hervor. „Bist du verrückt? Doch nicht wegen Jonas?"

„Ich liebe ihn, wie keinen anderen."

„Das weißt du doch gar nicht. Philip hast du jedenfalls sehr geliebt."

„Aber jetzt nicht mehr."

Vanessa schürzte die Lippen nachdenklich. „Es tut mir Leid, dass ich es dir sagen muss, Ines. Jonas ... er ist verheiratet."

Ines erstarrte augenblicklich. „Du lügst!", stieß sie hervor, obwohl sie zur selben Sekunde wusste, dass es die Wahrheit war. Leise schluchzte sie auf.

Kaum dass Ines verschwunden war, rief sie Philip an. Da sie nur seinen Anrufbentworter erwischte, redete sie ihm auf das Band: „Können wir uns sehen, Philip? Ich erwartete dich morgen Vormittag."

Dann ging Ines zu Bett. Das Telefon läutete noch einige Male, aber sie ging nicht daran. Sie konnte jetzt nicht mit Jonas sprechen.

Die halbe Nacht wälzte sich Ines unruhig hin und her. Was würde der morgige Tag bringen? Sie musste sich entscheiden. Je länger Ines über ihre Situation nachdachte, umso klarer wurde sie für sie. Und irgendwann kam eine große, innere Ruhe über sie. Endlich begriff sie alles ...

Gleich nach dem Frühstück packte Ines die Koffer. Sie war gerade damit fertig, als es an der Tür klopfte.

„Herein", sagte sie mit fester Stimme.

Jonas betrat das Zimmer. Mit schreckensweit geöffneten Augen blickte er auf die Koffer. „Du ... du verlässt mich?", stotterte er.

Ines nickte. „Ich kehre zu meinem Mann zurück. Weißt du, ich war mir lange Zeit nicht sicher, ob ich ihn noch liebe. Jetzt weiß ich es. Während der vergangenen zwei Wochen habe ich mich neu in ihn verliebt. Nicht wahr ... Philip?"

Er zuckte zusammen. „Du weißt es?"

Ines lachte glücklich. „Ich hatte schon lange den Verdacht, dass jener Dr. Bork du sein könntest. Und ich bin unendlich froh, dass es so ist."

Genauso glücklich schloss Philip Ines in den Arm. „Zuerst weigerte sich Dr. Anselm, meinen Plan zu unterstützen, doch als er meine Verzweiflung sah, spielte er notgedrungen mit. Ich wünschte mir nur eines, Liebling, dass du dich wieder in mich verliebst."

Ines spürte, wie der letzte Schatten von ihr wich, die Zukunft lag strahlend vor ihr.

☿

Beim Vierten ist das Glück dabei

Emma Jago

Wie sie zu drei Liebhabern gekommen war, wusste Marion nicht mehr so richtig, sie hatten sich nacheinander eingestellt, bei den alltäglichsten Gelegenheiten. Aber es waren auf jeden Fall zwei zu viel, und sie wollte sich entscheiden. Doch für wen? Nicht, dass sie glaubte, es sei unanständig. Im Gegenteil, eine Zeitlang war es einfach erfüllend gewesen, gab doch jeder Mann sein Bestes. Der Grund war, dass sie allmählich in Bedrängnis geriet.

Der schüchterne Alex wurde auf einmal fordernder und wollte mehr als seinen üblichen Donnerstag. Früher gefiel es ihm, wenn sie ihn einmal in der Woche bemutterte, mit einem Essen und mit zarten Umarmungen, und dann mit der plötzlichen Offensive eines Kusses seine Lebensgeister weckte. Da war er auf einmal kein Junge mehr, sondern ein Liebhaber, der sie mit seiner stürmischen Leidenschaft überwältigte.

Peter machte keine versteckten Andeutungen, sondern „vergaß" immer häufiger irgendwelche persönlichen Dinge, bis sie eine Schublade voll mit seinen Sachen hatte. „Mein zweiter Stall", hatte er einmal gesagt, und Marion hatte es als Spaß aufgefasst, obwohl Peter eindeutig unter einem Rennfahrersyndrom litt. Und David hatte letzte Woche auf ihrem Rechner eine CD mit der Rechtschreibreform installiert, da seine Macke in einem „Dudenfieber" bestand, das immer und überall hervorbrach. Er genoss es, Marion zu verbessern, vor allem bei jenen Momenten, bei denen erwachsene Menschen den Mund halten sollten, weil sie ohnehin nur Blödsinn sprachen.

„Sie sehen in letzter Zeit müde aus, Marion!" Hollermann, ihr Chef, die Geduld und Gutmütigkeit in Person, blickte missbilligend auf ihren Entwurf. „Wenn das die Statik für ein Bürogebäude sein soll, dann sollten Sie mal wieder an Einstein denken."

Marion senkte den Kopf. Machte einer der Mitarbeiter in dem Architekturbüro einen unbedeutsamen Fehler, dann brüllte und tobte Hollermann. Bei einem schlimmen dagegen wurde ihr Chef ironisch, und seine Stimme sank zu einem sanften Flüstern, das dann umso bedrohlicher wirkte. Wie jetzt. Den Rest des Tages machte Marion ihre Hausaufgaben, wie sie es nannte. Und als sie abends Hollermann die korrigierten Berechnungen auf den Tisch legte, sah er nur kurz auf. „Morgen um neun ist Besprechung", war sein einziger Kommentar.

Mit einem Seufzen öffnete Marion die Wohnungstür, kickte die Schuhe von den Füßen, ignorierte den blinkenden Anrufbeantworter und ging ins Bad. Sie sah tatsächlich abgespannt aus. Ein Urlaub täte ihr gut. Aber bis der Auftrag nicht erledigt war, würde Hollermann auf keinen seiner Mitarbeiter verzichten. Widerwillig drückte Marion auf den Abhörknopf. Zuerst ermahnte sie ihre Mutter, sich wieder einmal um sie zu kümmern. Dann ihr Versicherungsvertreter, der ihr eine neue Police aufschwätzen wollte, und dann ....

„Süße, hier ist Peter. Bitte, rufe mich an. Ich kann morgen nicht kommen, erst übermorgen. Was ganz Tolles ist passiert."

„Halleluja", dachte Marion und wollte die Nachricht löschen, als die Türglocke schrillte. „Alex oder David," schoss es ihr durch den Kopf. Aber heute war Dienstag, keiner ihrer „Stammtage". Sie linste durch den Spion und sah ein ihr völlig unbekanntes Gesicht. Sie öffnete einen Spalt. Wie war der Mann ins Haus gekommen? Hätte er an der Eingangstür geläutet, wäre da die Sprechanlage gewesen.

„Sie wünschen?" Marion stellte vorsichtshalber einen Fuß vor die Tür.

„Darf ich hereinkommen?"

„Wer sind Sie?" Ihre Stimme klang forsch und ein wenig unverschämt.

„Bitte, ich bin der Vater von Alex."

„Ach. Ja, also, dann ..." Marion schwante nichts Gutes. Sie ließ den Fremden ein und blieb vor ihm im Flur stehen.

„Ich bin unangemeldet, ich habe mich Ihnen aufgedrängt. Aber ich möchte mit Ihnen reden, und hier ... Verzeihen Sie, ich heiße Kratzer."

„Darauf wäre ich nie gekommen." Wenn Marion unsicher war, flüchtete sie in Kalauer. Aber was wollte dieser Mann, der beinahe so gut wie sein Sohn aussah, dachte man sich den Altersunterschied weg. „Kommen Sie mit und setzen Sie sich."

„Nun, was ist mit Alex?" Marion hatte sich in ihren Schaukelstuhl gesetzt und ihren Gast zum Sofa dirigiert. So hatte sie den Vorteil einer höheren Sitzposition. Sie kam sich vor wie ein Schiedsrichter, der die Spieler beim Tennis beobachtete. Das Bild stimmte nur nicht, weil sie selbst eine Rolle da unten auf dem Platz innehatte.

„Nach meiner Scheidung war ich für Alex allein verantwortlich, und ich ..."

„Ich hole uns etwas zu trinken." Marion eilte in die Küche. Wahrscheinlich kam jetzt eine Kurzfassung der Familiengeschichte, auf jeden Fall würde dieser Herr Kratzer mit Vorwürfen aufwarten. Reife Frau verführt Sohnemann aus gutem Hause, der seine Pflichten und sein Studium und was noch alles vernachlässigt.

„Ich hatte Sie mir anders vorgestellt", sagte Alex' Vater nach einem Schluck Wein. „Nicht so jung und sympathisch."

„Was hatten Sie erwartet?" Ein Gefühl der Wut kroch in ihren Bauch. Was war bloß mit ihr los? Der Chef gibt ihr Saures. Peter flötet auf den Klapperkasten was von einer tollen Neuigkeit, und jetzt sitzt der Vater von Alex, ihrem zärtlichen und doch so stürmischen Liebhaber, vor ihr und versucht, ihr durch ein laues Kompliment beizubringen, dass sie die Finger von seinem Sprössling lassen solle. Darauf würde es hinauslaufen. Jetzt fehlte nur noch David, der mit einer seiner Moralepisteln aufwartete.

„Entschuldigung, ich bin nicht sehr höflich. Aber Alex hat sich verändert, seit er mit Ihnen, ich meine, Sie, also ..."

„Mit mir ein Verhältnis hat, wollten Sie sagen?" Wenn die Situation nicht so peinlich gewesen wäre, hätte sie sich an seiner Verlegenheit geweidet, obwohl ihm die aufkeimende Röte eine faszinierende Ähnlichkeit mit Alex verlieh. „Da Alex erwachsen ist, sollten Sie es ihm überlassen, was er aus seinem Leben macht."

„Sie haben natürlich Recht. Aber ich eröffne gerade eine Filiale meines Werks in Tschechien, und Alex soll dort als Geschäftsführer hin, und wie Sie sich denken können, weigert er sich." Ihr Gegenüber hatte nach dieser Eröffnung ein Gesicht wie eine überreife Tomate.

Marion blieb vor Verblüffung stumm. Alex hatte sich als armer Student ausgegeben, der von seinem knauserigen Vater nur Brosamen erhielt und seine Ausbildung mit lausigen Nebenjobs verdiente. Sohn eines Fabrikbesitzers. Warte, dir werde ich es geben, Junge, dachte Marion und zwang sich zu einem weisen, sehr weiblichen Lächeln.

„Mein lieber Herr Kratzer, ich hatte keine Ahnung, aber Sie können sicher sein ..." Nach ein paar Minuten war sie endlich allein.

Mittwoch kam überraschend Peter. Er überfiel sie mit einer ungeahnten Leidenschaft, ohne dass sie die Startflagge gehisst hätte. Und später schmiegte er sich erschöpft an sie und flüsterte:

„Meine Neuigkeit, willst du sie hören?"

„Mhm", brummelte Marion und streichelte ein wenig geistesabwesend seine Schulter.

„Lass das." Früher hätte er das nicht gesagt, sondern „Baby, gib Gas." Er rollte sich auf die Seite, als scheue er die Berührung.

„Gestern in der neuen Disco, du wolltest ja nicht mitgehen, da war die Frau wieder, die ich in der ‚Muschel' letzte Woche kennen gelernt habe, und ..." Seine nächsten Worte waren kaum verständlich, da er ein Glas Wasser mit einem Schluck austrank. Er blickte sie fast vorwurfsvoll an.

„Und diese Braut hat dir einen Heiratsantrag gemacht oder dich nach Strich und Faden auf der Tanzfläche verführt?" Marion wusste, dass sie das nicht sagen sollte. Aber sie konnte ihr Mundwerk nicht zähmen. Vielleicht waren die Aufregungen der letzten Tage einfach zu viel gewesen.

„Verstehe doch, Lilly, also ..."

Dass er in diesen Moment den Namen verwechselte, gab den Ausschlag. Marion wusste später nicht mehr, was sie Peter alles an den Kopf geworfen hatte. Es waren auf jeden Fall nicht druckreife Sachen gewesen, und jetzt saß sie in der leeren Wohnung und weinte. Aus Ärger, Wut und auch Kummer. Alex, ihr tapferer Junge, flüchtete unter die behüteten Fittiche seines wohlhabenden Vaters, Peter suchte sich einen neuen, jüngeren Rennstall, und was machte David? Er würde erst am Samstag kommen.

Marion gab sich besondere Mühe, auch wenn sie ahnte, dass sich auch bei diesem Mann eine Entscheidung anbahnen würde. Sie machte einen Salat aus Tofu, Bambussprossen und Walnusskernen. Diese Kreation würde sein vegetarisches Herz erfreuen. David war entzückt. Er war begeistert. Und als er sie mit Zärtlichkeiten umhüllte, was sie früher so genossen hatte, merkte sie, dass etwas sehr Wichtiges verloren gegangen war.

Zum Trotz zündete sie sich eine Zigarette an, die ihr nicht

schmeckte, was David aber hasste, und überlegte, was in letzter Zeit in ihr vorging. Vor kurzem hatte sie drei Liebhaber gehabt, jeder das genaue Gegenteil des anderen, und es hatte ihr mit allen Spaß gemacht. Und jetzt? Was war falsch gelaufen? Hatte sie sich verändert, oder waren es ihre Männer?

„Meine Liebe, du weißt, jede Zigarette verkürzt die Lebensdauer eines Menschen um fünf Minuten und dreißig Sekunden. Außerdem ist das Fenster nicht offen."

„Ach, ich dachte, es seien einunddreißig." Marion stieß den Rauch in einem perfekten Kringel aus und schalt sich eine Idiotin. Sie benahm sich wie ein Kind mit schlechten Manieren. David war ein Pedant, ein Rechthaber, gut. Aber das hatte er nicht verdient. Und jetzt brach sie einen überflüssigen Streit vom Zaun, wie ein altbackenes Ehepaar, das seine Energien über die Tatsache einer schlecht ausgedrückten Zahnpastatube vergeudete.

Eine halbe Stunde später stand Marion vor dem Spiegel und sah ihr tränenüberströmtes Gesicht mit den Spuren eines verschmierten Make-up. Wie ein Clown, der seine letzte Vorstellung verpatzt hatte, so fühlte sie sich. Mit einem Plastiksack voller Unterhosen, Socken und der CD mit dem Rechtschreibprogramm hatte sie ihren letzten Lover vertrieben, und es war ihre Schuld gewesen.

Die nächsten Wochen verbrachte Marion nahezu Tag und Nacht im Büro und versuchte, ihre Schlappe wieder wettzumachen. Hollermann war mehr als zufrieden mit ihrer Arbeit. Sie bekam sogar eine Gehaltserhöhung. Trotzdem blieb das Gefühl der Leere. Ihre Männer waren beinahe vom Erdboden verschwunden. In ihrer früheren Stammkneipe hörte sie, dass Peter mit einer molligen Blondine eine Tankstelle eröffnet hatte. Von David bekam sie irgendwann eine Heiratsanzeige. Auf ihr prangten nobelpreisträchtige Titel. Es ließ sie erstaunlich kalt. Von Alex hörte sie auch nichts mehr. Kein Wunder, nachdem sie ihm gesagt habe, dass er ein Schmarotzer sei, der sich nicht nur in ihrem warmen Bett breit gemacht habe, sondern auch in dem seines großzügigen Vaters.

Dies war einer der Abende, an denen Marion sich einsam und todunglücklich fühlte. Sie prüfte ihren Anblick im Spiegel. Die Figur war in Ordnung. Nur in ihrem Gesicht stimmte etwas nicht. Nein, keine Falten, aber der Blick ihrer Augen. Es war Freitag, und sie hatte Angst vor dem langen Wochenende. Außer ihrer Mutter, die sie jeden Tag anrief, würde ihr Telefon wahrscheinlich schweigen. Es tat es nicht, und es war Alex' Vater.

„Meine liebe Marion, darf ich Sie so nennen? Also, ich möchte mich bei Ihnen bedanken, entschuldigen und Sie zum Essen einladen. Haben Sie morgen Abend Zeit? Alex hat sich fantastisch eingewöhnt. Er schmeißt den Laden und ist glücklich. Und das habe ich Ihnen zu verdanken, weil Sie ihn auf seine Verantwortung aufmerksam gemacht haben."

Das hatte Marion zwar nicht, aber er durfte.

„Sie sehen ja heute so blühend aus." Mit diesen Worten empfing sie Hollermann am Montag.

„Stimmt, Boss. Und wenn ich die Statik des Felsens von Gibraltar oder des schiefen Turms von Pisa berechnen soll, sagen Sie es mir nur."

Hollermann grinste verunsichert, und Marion dachte, das macht nichts. Sie erinnerte sich, was am Samstag und am Sonntag geschehen war. Sie nahm sich vor, dass es dieses Mal nur ein Mann sein sollte, und dieser für immer, na ja, auf jeden Fall für eine lange Zeit.

Krebs

22. 06. — 22. 07.

Ödipussy wird erwachsen

Patricia Lester

Nichts konnte Paul normalerweise aus der Ruhe bringen. Anfänge von Temperament zeigte er allenfalls bei der abendlichen Fischfütterung, oder wenn er wieder eine seltene Briefmarke erworben hatte.

„Er hat die Gelassenheit eines afrikanischen Flusspferdes", hatte einmal ein Kollege gesagt, als bei einem Großkunden die gesamte Computeranlage ausgefallen war. Die Firmenleitung sah bereits den drohenden Konkurs, während Paul den Fehler im Netzwerk, den keiner der anderen Spezialisten finden konnte, innerhalb kürzester Zeit behoben hatte. Aber nun stand er vor einem größeren Problem, vor einem ganz gewaltigen sogar, wenn er ehrlich war. Und das Problem hatte er sich allein eingebrockt. Wenn er dieses dumme Kreuzworträtsel nicht gemacht hätte oder wenigstens nicht so hilfsbereit gewesen wäre, dann ... Er seufzte und ertappte sich, wie er auf ein Blatt Papier immer wieder zwei Buchstaben malte, sie durchstrich und mit Linien und Kreuzen versah. Es waren lauter „M", Mutter und Marlene, Marlene und Mutter, zwei Frauen, die ihn gefangen hielten. Und er wusste nicht, welche der beiden nun wirklich den Kern seiner Schwierigkeiten bildete.

„Können Sie mir helfen?" So hatte sein Dilemma angefangen. Ein zerbeulter, rostiger Wagen war mitten auf der Kreuzung stehen geblieben. Unwirsch hatte Paul aus dem Fenster gesehen und in ein Gesicht geblickt. Eine wuschelige Lockenmähne in einem unwahrscheinlichen Kastanienrot, zwei grüne Augen mit braunen Sprenkeln, Lippen, die wirkten, als seien sie gerade von einem Kuss verlassen worden, und eine Stupsnase mit Sommersprossen – da hatte er sofort helfen wollen.

Wieder seufzte er. Auf diese Weise hatte er Marlene kennen gelernt. So wuschelig wie ihr Haar war anscheinend auch ihr Leben. Der Benzinanzeiger war kaputt. Ihre Geldbörse hatte sie vergessen. Nun, und da war das Auto eben stehen geblieben, und er hatte es an den Straßenrand geschoben, Benzin geholt und Marlene seine Visitenkarte gegeben, damit sie ihre Schulden bei ihm begleichen konnte. Nie hatte er damit gerechnet, dass sie es tun würde.

An einem Donnerstag tat sie es. Er war müde nach Hause gekommen, hatte seine Post durchgesehen, einen Brief wohl zehnmal ungläubig gelesen und dann nach dem Hörer gegriffen.

„Mami, stell dir vor, ich habe im Preisausschreiben, weißt du, ich mache doch immer die Rätsel ‚Kreuzwort für Kenner‘, also, da habe ich gewonnen. Und weißt du was?"

„Natürlich weiß ich es nicht, du Schaf. Wann wirst du jemals lernen, dich vernünftig auszudrücken?"

Ein wenig ernüchtert durch die Stimme seiner Mutter, die stets so klang, als rausche sie bei jedem Wort durch einen Eisbach, fuhr sich Paul über sein Haar, das zwar lockig war, sich aber am Hinterkopf bereits ein wenig lichtete. Er schob die beginnende Schütterheit auf Vererbung und nicht auf sein Alter. Bis er fünfzig wurde, hatte er noch viel Zeit, drei Jahre schließlich.

„Nun, was hast du denn gewonnen? Einen Toaster oder ein neuartiges Pfannen-Set?"

„Ach, Blödsinn." Manchmal wünschte sich Paul, seine Mutter würde nicht immer und überall diese unerbittliche Haltung und Härte ausstrahlen oder wenigstens einmal die Fassung verlieren. Das war ihr nur einmal passiert, nicht damals, als Paul mit sechs Jahren vom Rad gefallen war und sich einen komplizierten Bruch zugezogen hatte und jeder Arzt befürchtet hatte, er würde niemals wieder laufen können, sondern bei einem Gartenfest, weil ihr Kleid am Rücken aufriss und für alle Anwesenden den Blick auf ihre Korsage freigab.

„Also, ich warte."

„Es ist eine vierzehntägige Reise nach Teneriffa."

„Oh." Das Schweigen am anderen Ende der Leitung konnte er gut deuten. Und die nächsten Worte kannte er auch.

„Für zwei Personen, nehme ich an. Und du willst deiner alten Mutter, die du in letzter Zeit sträflich vernachlässigt hast, sagen, dass du sie mitnehmen willst."

„Warum habe ich dich denn sofort angerufen?"

„Auch das ist eine dieser üblen Angewohnheiten, die du von deinem Vater hast, jede Frage mit einer Gegenfrage zu beantworten. Aber das ist sehr lieb von dir, mein Sohn. Wann geht es los?"

„Schon nächste Woche."

„Wunderbar. Ist dein Pass noch gültig? Braucht man da ein Impfzeugnis?"

Nach ein paar weiteren Minuten, in denen seine Mutter ihm noch lauter Fragen stellte, die er nicht beantworten konnte, schließlich war er noch nie auf Teneriffa gewesen, erinnerte sie ihn daran, dass eine Telefoneinheit auf neunzig Sekunden beschränkt war, und erklärte, er solle sein Geld nicht verschwenden.

„Ruf mich morgen aus dem Büro an, da ist es billiger, und du kannst mir die weiteren Einzelheiten sagen."

Mit einem gewissen Gefühl der Erleichterung legte Paul den Hörer auf und griff nach dem Glas mit dem Fischfutter, als der Apparat wieder läutete.

„Ja, Mami, was ist denn noch?" Er liebte und verehrte seine Mutter, aber manchmal war sie wirklich lästig.

Nach einem kurzen Schweigen:

„Herr Paul Wormann?"

Eine Stunde später wirbelte Marlene in seine Wohnung. „Sie müssen entschuldigen, dass ich erst heute komme. Schulden machen ist mir ungeheuer peinlich. Aber ich habe Ihre Karte nicht mehr gefunden. Wissen Sie, wo sie war? Ich bin manchmal ein wenig vergesslich. Nun, ich entdeckte sie erst gestern. Sie war in der Zuckerdose. Da tue ich alle wichtigen Sachen rein. Meistens einen Geldschein, weil immer, wenn ich zur Bank will, hat sie schon geschlossen. Oh, ich habe Sekt mitgebracht, als Zinsen. Wo haben Sie Gläser? Toll, diese Fische, die Sie haben."

Paul war Alkohol nicht gewöhnt. Nach dem zweiten Glas verspürte er eine bemerkenswerte Leichtigkeit, die seine Zunge zu überraschenden Höhenflügen anstachelte. Er hörte sich ungemein lustige Geschichten zum Besten geben, denen Marlene hingebungsvoll lauschte, und lachen, als sei er verzaubert, ein anderer Mensch geworden. Marlene war die Scheherazade, die seine Erzählungen in betörende Märchen verwandelte. Sie sprach über ihr Leben, eigentlich nichts Besonderes, von ihren Eltern, die früh gestorben waren, von dem Blumengeschäft, in dem sie arbeitete, alltägliche Dinge. Aber wie sie so vor ihm saß, jung, zerbrechlich und unglaublich lebendig, eine Mischung aus Vulkan und Himmelbett, da flatterten plötzlich Heerscharen von Maikäfern in Pauls Bauch, krabbelten in seine Arme, in seinen Kopf, bis er dröhnte und von einem merkwürdigen Schwirren erfüllt war.

„Sie sehen aus, als ob Sie niesen müssten." Marlene beugte sich vor.

„Oh, nein, vielmehr ich ..." Paul stockte. Wenn sie ihn weiter so ansah, würde er sie küssen müssen. Ihr Gesicht tanzte eine Handbreit vor seinen Augen, ein sommerlicher Duft nach Blumen mit einem Hauch Zitronensaft vernebelte ihn vollends.

„Ihr Parfüm ..."

„Sie sind allergisch? Nein? Sie mögen es nicht? Es stört Sie?"

„Im Gegenteil, ich ..."

Woher Paul den Mut nahm, wusste er später nicht. Er hatte zwar eine Schwäche für erheblich jüngere Mädchen, aber meist blieb es bei Annäherungsversuchen aus sicherer Entfernung, allenfalls, dass er im Urlaub am Wörthersee einem dieser Geschöpfe einen Drink spendierte und es wehmütig ziehen ließ mit dem Gedanken im Hinterkopf, dass es doch nicht gut gehen würde. Er hatte noch nie Glück bei den Frauen gehabt. Nein, das stimmte nicht. Es war die erste Liebe seines Lebens gewesen.

Kurz nach dem Abitur war er auf einem so genannten „Schnupperkurs" Pamela begegnet. Sie war es, die in Paul die Leidenschaft für Informatik geweckt hatte. Sie hatte ein enormes Wissen, das sie kühl, in seinen Augen aber mit einem überwältigenden Charme vermittelte. Nie hatte er gedacht, dass eine so erfolgreiche, gut aussehende Frau jemals mehr als fachliches Interesse an ihm haben würde. Bei einem totalen Absturz seines Rechners, Paul wusste vor Verzweiflung nicht mehr aus und ein, hatte ihm Pamela den Arm auf die Schulter gelegt und gesagt:

„Das kann jedem passieren, und Sie machen das gar nicht so schlecht."

Er spürte die Kühle ihrer Hand, atmete ihren Duft, und zwei Stunden später saßen sie in einem Café. Und aus diesen Stunden wurden Tage, Wochen und Monate, in denen er die Liebe lernte. Er war überglücklich und wäre es vielleicht noch sehr lange gewesen, wenn nicht seine Mutter ...

„In letzter Zeit kommst du immer so spät nach Hause. Ich kann mir nicht vorstellen, dass dein Studium so anstrengend sein sollte." Ihr Stirnrunzeln sagte mehr als alle Worte. Paul antwortete lieber nicht.

„Du bist mein einziges Kind. Ich habe doch nur noch dich."

Auch das waren Sätze, für die Paul nur ein Kopfschütteln übrig hatte. Er liebte seine Mutter, aber gerade jetzt hatte er das Gefühl, dass sie ihn umklammert hielt und nicht loslassen wollte. Umso mehr genoss er die Zeit mit Pamela, die nichts von ihm forderte, sondern so viel schenkte, einfach, dass sie da war mit ihrer Liebe und ihrer Zärtlichkeit, die er wegen seiner Feigheit dann aufs Spiel gesetzt hatte und am Ende alles verlor.

Doch heute Abend war es anders. Das Wesen, das er in die Arme nahm, würde er nicht mehr loslassen. Er zog Marlene an sich, sein Mund verfehlte den ihren und landete auf einer Sommersprosse, als Marlenes Lippen den Fehler korrigierten und ihn in eine andere Welt entführten. Auf einem Karussell oder einem außer Rand und Band geratenen Wagen in einer Achterbahn flog und stürzte Paul in Höhen und Abgründe, begleitet von Marlenes unglaublichem Geruch.

Sein Verstand fing erst wieder zu arbeiten an, als er bemerkte, dass sie beide in seinem viel zu schmalen Bett lagen und Marlene, mit sehr, sehr junger Stimme, an seinem Ohrläppchen knabbernd, hauchte:

„Ich werde nie mehr vergessen, zu tanken."

Paul verstand gar nichts. Aber in seinem jetzigen Zustand war das auch nicht verwunderlich.

„Sonst hilft mir vielleicht noch so ein toller Mann wie du. Und das will ich nicht." Marlene beugte sich über ihn.

Jetzt verstand Paul, und wieder stürzte und flog er, und es war, als sei er eine Katze mit sieben Leben, die in dieser Nacht himmlische Tode erlitt und immer wieder, wohlig erschöpft und unsagbar glücklich, zu neuem Leben erwachte, das Marlene ihm mit ihren Zärtlichkeiten einhauchte, bis er in der Morgendämmerung in einen leichten Schlummer verfiel und nur noch das leise Schließen der Tür vernahm, als Marlene ihn verließ.

Wie benommen war er am nächsten Tag ins Büro gefahren. Noch nicht einmal die Fische hatte er gefüttert. In der U-

Bahn hatte er schallend gelacht, als ihm einfiel, dass Marlene vergessen hatte, ihm die lumpigen zwanzig Mark für das Benzin dazulassen. Dann war sein Lachen in einem Hustenanfall erstickt, als er sich blitzartig erinnerte, dass er Marlene letzte Nacht versprochen hatte, sie mit nach Teneriffa zu nehmen. Sein Bett hatte unter ihrem Freudentanz verdächtig geknarzt und geächzt und anschließend noch mehr.

Sein Bleistift zerbrach, als das Telefon ihn in die Gegenwart zurückriss.

„Du wolltest mich doch anrufen. Ich brauche eine vollständig neue Garderobe. Da unten soll es ja sogar im Winter noch warm sein."

Seine Kritzeleien tanzten als spitze Schwerter vor Pauls Augen, und er fühlte sich bei der vorwurfsvollen Stimme wie ein Trapezkünstler ohne Netz auf einem Seil in schwindelnder Höhe.

„Mami, hör mal ..."

„Du sollst mich nicht unterbrechen."

„Mami!"

Es war zwecklos. Paul resignierte, legte den Hörer auf den Tisch, aus dem überdeutlich die ausgeschlafene, fordernde Stimme seiner Mutter klang. Er konnte es ihr nicht sagen. Er sandte in einem fort stumme Gebete zu einem Gott, der ihn bestimmt nicht erhören würde, und dann wieder ebenso intensive Flüche zu einem Teufel, der mit Sicherheit auch keinen rettenden Pakt mit ihm schließen würde. Endlich legte seine Mutter auf. Er wollte nicht mit ihr fahren, er wollte wieder in Marlenes Nähe sein. Aber wenn er ihr beichten würde, dass er bereits seiner Mutter versprochen hatte, dass ... Sie würde ihn verachten, auslachen und ihn ... Ja, sie würde ihn sofort verlassen, und zwar mit Recht. Er würde einfach krank werden. Hatte er nicht bereits ein merkwürdiges Kratzen im Hals? War sein Kopf nicht unnatürlich heiß? „Unsinn, du Memme, du hast dich in dieses

Dilemma hineinmanövriert, also denke dir einen Ausweg aus." Es gab keinen. Auch nach einer Woche hatte er keinen gefunden. Die Tickets grinsten ihn höhnisch an. Sein gepackter Koffer stand im Flur, und die Fische schienen unsinnigerweise ein Weihnachtslied aus seinen Kindertagen zu singen: „Morgen Kinder, wird's was geben ... Einmal werden wir noch wach ..."

Paul nahm eine Schlaftablette und wünschte sich, wenn er aufwachte, wäre übermorgen, und nicht morgen. Er hatte es nicht über das Herz gebracht („Elender Feigling" war noch das Mildeste, mit dem er sich beschimpft hatte), einer der Frauen die Wahrheit zu sagen, und morgen würden beide, seine beiden M' s („Martyrium und Misere") am Flughafen stehen.

Der Taxifahrer musste einmal den Nürburgring verunsichert haben. Er fuhr wie der Teufel und missachtete den schüttenden Regen, der die Straße zu einem einzigen Wellenritt machte. Paul hörte zu beten auf und hätte gern geweint, wie es der Wettergott bereits tat.

Völlig durchnässt betrat er die Abfertigungshalle, in der er schon aus der Ferne die beiden Gestalten entdeckte, die – Zufall oder nicht – einträchtig nebeneinander standen, auf ihn zuliefen und einen Meter vor ihm stehen blieben. Paul stellte seinen Koffer auf den Boden und starrte angestrengt auf das Rinnsal, das sich um seine Füße bildete.

„Hallo, Paul."

„Hallo, Marlene."

„Du bist unpünktlich."

„Morgen, Mami."

Die beiden Frauen sahen sich an. Pauls Blick verlor sich weit hinten an einer Zahnpastareklame. Schweigen, falsch, brüllende Stille senkte sich zentnerschwer herab.

„Wer ist diese Frau?"

„Warum hast du mir nichts von deiner Mutter erzählt?"

„Mami, Marlene, lasst mich doch ...."

Paul kam sich wie ein Analphabet vor.

„Ich schätze, wir haben noch genügend Zeit, eine Tasse Tee zu trinken, um diese äußerst delikate Situation zu besprechen."

Pauls Mutter liebte England und seine Sitten. Sie nahm den Koffer. „Danke, ich bin fähig, ihn alleine zu tragen", sagte sie und schritt, majestätisch wie Königinmutter, voran ins Restaurant. Paul und Marlene folgten wie Lakaien.

„Lass mich dir erklären", flüsterte er.

„Lass dir was Schlaues einfallen", wisperte sie zurück.

Und das würde er tun. Wie in einem Film sah er die Abschiedsszene vor sich, Pamela, die zwar keine Träne vergossen hatte, eine tiefe Traurigkeit, aber auch Mitleid ausstrahlte.

„Ich bin nicht deine Mutter, und ich werde nicht im Schatten deiner Mutter bleiben."

„Schade um uns. Ich wünsche dir, dass du bald erwachsen wirst", waren ihre letzten Worte gewesen, und er war in seine Rolle als anhänglicher und ungeheuer feiger Sohn zurückgekehrt.

„Mein Sohn hat Ihnen also auch die Reise auf diese Insel versprochen, mein Fräulein?" Ihre zuckersüße Stimme brachte Paul in die Gegenwart zurück. „Wann und warum?" Jetzt knallten Schüsse aus einem Schnellfeuergewehr.

„Mami, ich bitte dich ... Gut, ich habe es dir nicht gesagt. Aber du lässt mich ja nie zu Wort kommen. Ich liebe Marlene."

„Wirklich? Und mich?" Auch du, Brutus, blitzte es aus den stahlblauen Augen seiner Mutter.

„Ist das wahr?" In Marlenes Augen woben Sommerblumen einen bunten Teppich.

„Ja, aber, mein Gott, Mutter, versteh doch." Paul schüttelte verwirrt einen Augenblick den Kopf. Hatte er tatsächlich zum ersten Mal in seinem Leben „Mutter" gesagt? „Mutter, es tut mir Leid. Aber in Marlene habe ich mich verliebt." Es war, als öffnete sich in seinem Inneren eine Tür. Er kam sich wie ein Läufer vor, der Anlauf nahm, um die letzte, nein, die entscheidende Hürde zu nehmen. „Und mit ihr will ich ... Bei diesen Lautsprecheransagen versteht man ja sein eigenes Wort nicht mehr. Also, ich liebe und achte dich. Aber du bist meine Mutter, und Marlene ist die Frau, die ich von ganzem Herzen liebe."

„Gut, mein Sohn, dann werde eben glücklich mit dieser Dame." Seine Mutter betonte das letzte Wort so, dass es wie ein Schimpfwort klang, nahm ihren Koffer und ging dem Ausgang entgegen, Marie-Antoinette bei den letzten Schritten zum Schafott ähnelnd.

„Oh, Paul, das hättest du nicht tun sollen."

„Doch, das hätte ich schon vor Jahren tun sollen." Richtig, flüsterte sein Alter Ego, ein zweites Mal wirst du dir dein Glück nicht kaputtmachen. „Und jetzt, meine Geliebte, lass uns gehen. Vorher noch eine Frage: Könntest du es länger als zwei Wochen neben mir aushalten?"

„Für immer?"

„Wenn es sein muss. Das war dumm von mir. Ja, ich hoffe es."

Es war ein Kuss, der in die Ewigkeit entführte. Als sich beide aus der Umarmung lösten und ihre Koffer aufnahmen, hörten sie die blecherne Lautsprecheransage:

„Flug Nr. 371 nach Teneriffa ist soeben pünktlich gestartet."

Mutters Pension

Emma Jago

Die Handwerker hatten wahre Wunder vollbracht. Die Wohnung erstrahlte in ungewohnter Helle. Der neue Teppichboden wirkte wie unberührter Sand an einem einsamen Strand. Maria schmunzelte über diesen Reim und ließ sich mit einem wohligen Seufzer in einem Sessel nieder. Nach fünfundzwanzig Jahren war sie ihr eigener Herr, frank und frei. Morgen würde sie die neuen Gardinen aufhängen und ab nächste Woche in einem der Kinderzimmer, das sie zu einem Büro umgestaltet hatte, mit ihren Comics anfangen und ein paar Witze entwerfen, so wie sie es vor ihrer Ehe getan hatte.

„Warum lässt du dein Talent verkümmern?" Wie oft hatte ihr alter Freund Peter diese Frage gestellt, und immer hatte sich Maria hinter ihrer Familie und den Kindern versteckt. Es war auch anfangs nicht einfach gewesen. Sie hatte Fred beim Aufbau seiner Firma geholfen, dann waren Susanne und Daniel viel zu schnell hintereinander gekommen. Die Wohnung war stets zu klein, Geld nie ausreichend vorhanden gewesen. Und als dann alles so war, wie Maria es sich erhofft hatte, wurde Fred schwer krank.

„Versprich mir eines, Liebes", hatte er wenige Stunden vor seinem Tod gesagt. „Die Kinder werden bald flügge, für dich ist ausreichend gesorgt, genieße dein Leben, fang wieder zu zeichnen an, Peter wird dir dabei helfen."

Aber dieses Versprechen löste sie erst fünf Jahre später ein. Natürlich waren die Kinder erwachsen, aber sie hatten einfach keine Lust, das bequeme Nest zu verlassen. Maria sah Susannes Freunde kommen und gehen, doch sie war froh, dass das nur flüchtige Bekanntschaften blieben, so merkwürdig waren sie teilweise.

„Mamchen, ich bin verliebt." Den Satz hatte sie oft genug gehört und war dann entsetzt, wenn sie das Objekt dieser Liebe sah. Da wechselten sich grüne Haare mit einem Pferdeschwanz ab, ausgefranste Klamotten mit schwarzem Lederdress und meist mehr als seltsamen Manieren. Und ihr Sohn konnte sich nicht von seiner Schule trennen, da er alle wichtigen Klassen vorsichtshalber wiederholte.

Maria war manchmal ungeduldig und – wie sie empfand – auch ungerecht gewesen. Bei ihrem „Familienrat", den sie bei jeder mittleren Katastrophe einberief, war die Stimmung häufig mehr als angespannt gewesen.

„Ihr bildet euch ein, ich führe hier ein Hotel mit Vollpension und Rundumversorgung. Wenn ich einen von euch bitte, mir mal im Haushalt zu helfen, bekomme ich eine maulige Antwort. Mit dir, Daniel, kann ich nur noch reden, wenn ich ein Megafon benütze, da du ständig mit diesem Walkman und dem quiekenden Computerersatz herumläufst."

Einmal war ihr sogar die Hand ausgerutscht, als Daniel bei einer diesen Auseinandersetzungen mit seinen Kaugummi kauenden Lippen nuschelte:

„Scher dich doch an deinen Herd, du Gruftie."

Nur Peter hielt unverbrüchlich zu ihr, lud sie ab und zu ins Theater oder Konzert ein, damit sie ihrem Alltagstrott entfliehen konnte.

Und dann war das erste kleine Wunder geschehen.

„Mutter, darf ich dich was fragen?" Susanne sah sie schüchtern an. Kein „Hey, Mom, haste 'n Ohr für mich?" oder so etwas Ähnliches. „Weißt du, bei mir in der Bank, also ..."

Das war die dritte Lehre, die ihre Tochter angefangen hatte und nun schon fast ein halbes Jahr andauerte. In letzter Zeit trug sie Sachen, die die Bezeichnung Kleidung verdienten. Aus ihrem Haar waren die gelben Strähnen verschwunden und auch die silbernen Ringe, die ein Nasenloch verunstaltet hatten.

„Schieß los", antwortete Maria, obwohl ihr bei dieser Veränderung ein „Sprich, mein Kind" auf der Zunge lag.

„Ich würde gerne Silvio zum Essen mitbringen." Susanne wurde bei diesem einfachen Satz tatsächlich rot. Das musste mehr als eine dieser Eintagsfliegen sein. Und so war es auch. Silvio kam, sah und siegte. Nicht nur wegen der Blumen oder seines Benehmens, sondern weil er Susanne gut zu tun schien. Auf einmal trug sie einen schmalen Ring, und als Maria danach fragte, stotterte Susanne etwas von einer Verlobung.

„Warum diese Heimlichkeit? Hast du kein Vertrauen zu deiner Mutter?" Das klang nach Schmierentheater, aber Maria war gekränkt.

„Wärst du denn mit ihm einverstanden?"

Sie holten die Feier nach. Kurze Zeit später, Silvio hatte einen festen Anstellungsvertrag in der Bank bekommen, zog Susanne zu ihm. Bei ihren zahlreichen Anrufen berichtete sie Maria, was sie in der Wohnung alles veränderte, dass sie kochen lernte und waaaahnsinnig glücklich sei. Ihre Tochter war nun flügge geworden, vielleicht gelang es ihrem Sohn auch noch.

Daniel schaffte das Abitur, was bereits in die Kategorie Wunder fiel, und mit solch erstaunlichen Noten, dass er sogar einen Studienplatz erhielt, nochmals ein Wunder.

„Mom, das ist einfach megastark. Ich werde im Herbst hier die Fliege machen und mir mit Ollie eine Bude teilen. Er hat schon alles gecheckt. Am Wochenende kann ich dich dann ja besuchen."

„Und mich mit einem Haufen schmutziger Wäsche über-
fallen. Nein, Sohnemann, wenn du willst, gebe ich dir einen
Zuschuss für eine Waschmaschine. Ich möchte allmählich
mein eigenes Leben führen."

Daniels Gesicht war ein einziges Fragezeichen, und sie
konnte seine Gedanken lesen: „Bis du dafür nicht zu alt?"

Sie war es nicht, weiß Gott nicht, auch wenn die ersten
Tage in der Wohnung schlimm waren. Erst als sie sich
durchrang, die Zimmer leer zu räumen, Handwerker zu bestellen, sich ein Büro einzurichten, spürte sie die Freiheit, die
ihr in den langen Jahren der Ehe und der Erziehung der Kinder verloren gegangen war. Außerdem war, immer wenn sie
mit jemandem sprechen wollte, Peter da. Als er jedoch von
einem Hund sprach, der ihr Gesellschaft leisten könne, wurde sie energisch und auch wütend.

„Glaubst du, ich bin so ein Muttchen, das seine Tage nicht
sinnvoll verbringen kann?" Sie zeigte ihm ihre Zeichnungen,
und er war begeistert. Er brauchte ihr noch nicht einmal zu
helfen, wie Fred es gesagt hatte, da sie einen einträglichen
Vertrag eines Verlags in der Tasche hatte. Maria leistete sich
den Luxus eines Tauchkurses auf den Malediven, ritt in der
Wüste auf einem Kamel und mietete sich auf einer exoti-
schen Insel ein Moped, mit dem sie die Gegend erkundete.

„Du Streunerin, du siehst phänomenal aus." Peter holte
sie am Flughafen ab und umarmte sie. Maria schüttelte ihre Locken, sie hatte sich die Haare schulterlang wachsen
lassen, und lachte.

„Stell dir vor, ich kann jetzt segeln." Ihr Redeschwall ver-
siegte noch nicht einmal in der Wohnung, als beide nebeneinander saßen und Peter den Arm um ihre Schultern legte.

„Mädelchen, falls du mal Atem holen willst. Ich muss dir
was Wichtiges sagen." Peter stand auf, zog Maria von der
Couch und hielt sie an sich gedrückt. Seine Augen waren
dicht vor den ihren. „Wenn Fred damals nicht schneller als

ich gewesen wäre, du weißt, was dann ..."

Maria konnte es erahnen. Das Telefon befreite sie vor einer Antwort.

„Mami, kann ich sofort zu dir kommen?" Susanne schluchzte erbärmlich. Aus dem weiteren Gestammel und Weinen erfuhr Maria, dass sich Silvio als unerträgliches Ungeheuer entpuppt hatte und ihre Tochter ihn sofort verlassen müsse und einen Zufluchtsort suche.

„Ich kann auch in ein Frauenhaus gehen, wenn es dir nicht passt."

„Kommt nicht in Frage, allerdings musst du auf einem Feldbett schlafen." Maria drehte sich zu Peter um. „Susanne hat Kummer. Bitte lass uns ein anderes Mal reden."

„Weißt du denn worüber?" Er nahm seinen Mantel und verschwand nach einem flüchtigen Kuss. Maria fluchte und wünschte sich auf die Insel zurück. Da gab es weder unglückliche Töchter noch alte Freunde, die mit einer unerwarteten Liebeserklärung aufwarteten.

Susanne schwamm in einem Meer von Tränen, und erst nach einer Packung Tempotücher brachte Maria die ersten vernünftigen Worte aus ihrer Tochter heraus. Wenn sie ihr glauben wollte, dann war Silvio ein Tyrann, ein Ekel und Macho, der ihr nichts gönnte, sie ständig bevormundete, sein Geld in obskuren Spielhöllen verlor und ihre Kochkünste verhöhnte. In diesem Punkt empfand Maria kein Mitleid. Gare Kartoffeln oder nicht angebrannte Spaghetti waren bei Susanne Glücksache. Doch als sie die blauen Flecke auf ihren Armen sah, wurde Maria weich.

„Du bleibst vorläufig hier. Kein Mann hat das Recht, eine Frau zu schlagen. Aber was ist mit morgen, wenn du zur Arbeit gehst?"

„Er arbeitet in einer anderen Filiale."

Gemeinsam stellten sie in Susannes früherem Zimmer ein Bett auf. Maria strich ihrer Tochter noch einmal über die feuchten Wangen und ging in ihr eigenes Schlafzimmer.

Sie lag lange wach und dachte an Peter, der ein wunderbarer Freund und auch ein toller Mann war. Sie seufzte. Seit sie Witwe war, hatte sie jeden Gedanken an einen anderen Mann weit von sich geschoben, bis heute Abend. Und da war dann Susanne aufgetaucht. Es vergingen Stunden, bis Maria einschlief.

Nach ein paar Wochen war Susannes Zimmer voll gestopft mit all den Sachen, die sie bei ihrem Auszug mitgenommen hatte. Ein paar Mal machte Maria Andeutungen, die bei ihrer Tochter auf taube Ohren stießen. Anscheinend hatte Susanne beschlossen, ein klösterliches Leben zu führen, wovon sich Maria wirklich nicht anstecken lassen wollte.

Sie traf sich regelmäßig mit Peter, und sie spürte, dass sie für ihn mehr empfand als für den Freund, der ihr in all den Jahren zur Seite gestanden hatte. Nach einem wunderbaren Abend, einem Open-Air-Festival mit berühmten Tenören, einem fantastischen Abendessen und einem Besuch in einer Bar, in der sie zusammen getanzt und gelacht hatten, standen sie vor ihrer Haustür.

„Bitte, schicke mich nicht weg. Du weißt, was ich für dich empfinde."

„Wir müssen leise sein, Susanne wird bestimmt schon schlafen. Aber ich werde dir meine Briefmarkensammlung zeigen." Maria grinste und küsste Peter. Nach einer Ewigkeit lösten sie sich voneinander und standen kichernd im Lift. Maria schlüpfte aus ihren Schuhen und steckte den Schlüssel in das Schloss. Sie tastete nach dem Lichtschalter in der Diele, als flammende Helligkeit sie blendete.

„He, Mom, wurde ja auch Zeit." Daniel hatte die Kopfhörer um den Hals, seine Lippen malmten in rhythmischen Bewegungen, und hinter ihm stand Susanne, die wie eine empörte Mutter wirkte, deren Tochter sich die Nacht um die Ohren geschlagen hatte.

„Was willst du denn hier?" Maria fiel nichts anderes ein.

„Ich habe die Scheine nicht geschafft. Das Studium ist vorbei, und Ollie braucht mein Bett für seine Mieze." Es klang, als handele es sich um Ungeziefer. „Warum steht in meinem Zimmer ein Computer? Wo ist mein Bett?"

Maria wusste nicht, ob sie toben oder weinen sollte. So entschied sie sich für die Rolle einer gelassenen Gastgeberin, die nichts erschüttern konnte.

„Im Kühlschrank ist eine Flasche Sekt. Peter, sei so lieb und öffne sie. Bei einem Schluck lassen sich Familientragödien besser bereden und auch ohne Kaugummi."

Daniel zuckte einmal. Aber wenig später saßen sie am Tisch. Maria hob ihr Glas, eine Hand lag unter dem Tisch und streichelte Peters Knie.

„Ich dachte, Mutters Pension würde nicht mehr benötigt, dieser Hafen nicht mehr angelaufen. Ich habe mich geirrt. Aber jetzt liegt hier ein anderes, größeres Schiff vor Anker, und ihr werdet euch etwas überlegen müssen." Maria nahm einen Schluck. Für die nächsten Worte brauchte sie eine Menge Mut. Die Gläser klirrten, und einen winzigen Moment wich die Spannung.

„Da ich Peter heiraten werde", ihre Finger strichen über sein Haar, „seid ihr hier fehl am Platz. Sucht euch eine andere Bleibe, ihr seid erwachsen."

Susanne klapperte ungläubig mit den Wimpern, Daniel stand der Mund offen, und Peters Knie zitterten. Er hatte nichts von diesem Heiratsantrag gewusst, doch er schien nicht abgeneigt zu sein. Er stand auf und hielt sein Glas unsicher in der Hand.

„Eure Mutter hat vollständig Recht. Vielleicht gibt es eine Lösung, nur als Übergang." Er sah Maria entschuldigend, aber auch strahlend an. „Nachdem ich hier einziehen werde, wie es eure Mutter in ihrer charmanten Art beschlossen hat, steht meine Wohnung vorläufig leer. Es sind zwei winzige Zimmer. Für euch beide dürften sie vorerst genügen. Und hier sind die Schlüssel."

Maria und Peter lachten noch immer, als sie schon lange im Schlafzimmer lagen.

„Dein Heiratsantrag war eine Unverschämtheit", kicherte Peter und küsste Maria.

„Und dein Rausschmiss meiner lieben, unfähigen Kinder filmreif."

Der Schlafwandler

Tommy Lee

*M*artha schüttelte besorgt den Kopf. „Sprich mit einem Arzt, Liebes", riet sie ihrer drei Jahre jüngeren Schwester eindringlich. „Georges nächtliches Herumgeistern macht mir langsam Angst."

„Mir doch auch", seufzte Lilly. „Ich möchte nicht, dass George am Ende noch etwas passiert!"

Beruhigend tätschelte Martha ihre Hand. „Siehst du, und deshalb: Sprich mit einem Arzt!"

Noch am selben Nachmittag suchte Lilly Dr. Brunner auf – und kehrte danach äußerst erleichtert nach Hause zurück. Der Arzt war wirklich überaus verständnisvoll auf ihr Problem eingegangen.

„Normalerweise ist Schlafwandeln relativ harmlos", hatte er gesagt. „Seit wann tut Ihr Mann es denn? Seit drei, vier Wochen? Aha! Nun, in Zukunft wecken Sie ihn behutsam und bringen ihn in sein Bett zurück." Lilly war ein halber Felsbrocken von der Seele gerutscht.

In derselben Nacht geschah es wieder: Zwei Stunden, nachdem George eingeschlafen war, erhob er sich. Lilly beobachtete ihn sorgenvoll.

Sein maskenhaftes Gesicht, die starrenden Augen, flößten ihr Angst ein. Mit hölzernen, staksigen Schritten wanderte George im Schlafzimmer umher. Als er das Zimmer verlassen und ins Erdgeschoss hinuntertapsen wollte, sprang Lilly aus ihrem Bett. Auf Zehenspitzen huschte sie zu ihm.

„George", flüsterte sie. Ihre Hand ruhte auf seinem Arm. „George?"

„Ja, Lilly?" Seine Stimme klang monoton und ließ Lilly vor Schreck erschauern.

„Bitte, wach auf und komm ins Bett."

„Aber Lilly! Ich bin längst wach ..."

„O George", wisperte sie tränenerstickt. „George, mein Lieber ... Bitte, vertrau mir. Dr. Brunner wird dir helfen."

„Ja, Lilly! Das wird er!"

Ein gellender Schrei riss George am nächsten Morgen aus dem Schlaf. Er kam aus dem Erdgeschoss. „George! Mein Gott, George!" Es war Martha, die aus Leibeskräften nach ihm schrie. „Lilly ist tot ... Lilly!"

In Windeseile hüpfte George aus dem Bett und war schon einen Moment später in der in der Küche, wo seine Frau merkwürdig verkrümmt auf dem Fußboden lag. „Lilly!", brüllte er. „Lilly ... Lilly!"

Martha klammerte sich schluchzend an ihn und faselte etwas von Einbrechern. Plötzlich riss sie ihre Augen schreckensweit auf. Mit einem Finger wies sie zitternd auf Lillys Hals. „George, du Wahnsinniger", ächzte sie. „Was hast du getan?" Schritt für Schritt wich sie zurück ...

Am Abend saß George noch immer bei der Kriminalpolizei und wurde verhört. „Ihre Frau wurde mit Ihrer Krawatte erdrosselt", wiederholte Kommissar Hertz nun schon zum hundertsten Mal.

George zuckte die Schultern. „Ich kann mich an nichts erinnern – an gar nichts. Aber sollte ich Lilly wirklich erwürgt haben, will und muss ich bestraft werden. Dann gehöre ich hinter Gitter!"

Hertz raufte sich die Haare. „Mit dieser Schlafwandler-Tour will er uns doch nur hereinlegen", grübelte er.

Dr. Brunner, Hausarzt von Lilly und George, wurde zur Kripo gebeten. „Ja", sagte der Arzt, George sei mondsüchtig. Schon seit Wochen wandle er nachts umher.

George landete in einer Klinik. In einer psychiatrischen Klinik – in der geschlossenen Abteilung.

Als sich George an jenem Abend in die weichen, weißen Kissen legte, dachte er: „Nur ein paar Monate noch, dann bin ich wieder frei. Es kann keinen Prozess geben, kein Urteil und kein Gefängnis. Jemand, der unter Bewusstseinsstörung einen anderen tötet, kann nicht bestraft werden. Mein Plan war perfekt!" Zufrieden grinste er.

„Wissen Sie, weshalb Sie hier sind?", fragte Dr. Weiß tags darauf. Er war Georges betreuender Psychiater.

George nickte. „Weil ich Schlafwandler bin ..."

„Vielleicht. Vielleicht auch ein eiskalter Killer!"

„Sollte ich das tatsächlich sein, will ich bestraft werden!"

„Diese Platte kennen wir bereits. Erzählen Sie mir lieber von Ihrer Frau. Liebten Sie sie?"

George lächelte geringschätzig. „Diese wehleidige Ziege? Soll das ein Witz sein? Ich stand voll und ganz unter ihrer Fuchtel. Aber das wissen Sie sicher bereits von Martha." Georges Lächeln vertiefte sich. „Arme Martha! Nun geht sie leer aus. Bis auf das Gästezimmer, das Lilly ihr überschrieben hat, gehört ihr nichts. Der Rest ist mein."

Der Arzt musterte George eingehend. „Wenn das kein ausreichendes Motiv für einen Mord ist?"

„Ich könnte niemals jemanden ermorden", beteuerte George sogleich mit unschuldigem Gesicht. „Aber sollte ich Lilly dennoch erwürgt haben, dann ..."

„Keine Sorge", seufzte Dr. Weiß. „Dann werden Sie auch bestraft."

Die Therapie war anstrengend. George überlegte sich jedes Wort zwei Mal, bevor er es aussprach. Am leichtesten fiel es ihm noch, über seine Kindheit zu reden.

„Schon als Kind war ich mondsüchtig", erzählte er einmal. „Meine Mutter, Gott hab sie selig, stand jahrelang wahre Todesängste meinetwegen aus." Das stimmte sogar. George war regelmäßig wie magnetisiert auf die Straße hinausgestakst.

Ein paar Wochen später fragte Dr. Weiss, warum George, seit er in der Klinik sei, nicht mehr schlafwandle?

„Oh!", staunte er. „Tu ich das wirklich nicht mehr?" Er zuckte die Schultern. „Nun ja, in Lillys Nähe wär wohl jeder mondsüchtig geworden. Jetzt aber, da sie tot ist ..."

Nach einem halben Jahr war Dr. Weiß noch keinen Schritt weiter. Seiner Meinung nach war George ein gerissener Schauspieler, der so seinen Kopf aus der Schlinge zu ziehen versuchte.

„Nächste Woche werden Sie entlassen", teilte Dr. Weiß ihm kurz darauf mit. „Bedauerlicherweise glückte es mir nicht, Ihren Somnambulismus medizinisch zu widerlegen. Allerdings bin ich persönlich davon überzeugt, dass Sie Ihre Frau erwürgt haben."

„Oder auch nicht", grinste George und begann, seine Koffer zu packen.

Zu Hause erwartete Martha ihn.

„Du bist noch immer hier?", fragte George grimmig.

„Stört es dich etwa? Immerhin ist es mein Elternhaus, das du Lilly mit irgendeinem Dreh schamlos abgeluchst hast."

George machte ein gleichgültiges Gesicht. „Erspar mir deine Anschuldigungen." In seine Augen trat ein gefährliches Funkeln. „Du gedenkst tatsächlich, künftig mit einem Geisteskranken unter einem Dach zu leben?"

Sofort machte Martha ängstliche Augen. „Ich ... ich hab Lilly versprochen, mich um dich zu kümmern."

„Und", dachte George, „du willst hinter mit herspionieren. Aber diese Suppe werde ich dir gründlich versalzen, verlass dich drauf!"

In derselben Nacht tappten leise Schritte durch das stille, dunkle Haus. Der Mond hing wie ein einsamer, weißlich gelber, runder Teller am Himmel und schickte sein blasses Licht durch das Geäst der Bäume ins Haus.

„George?", kam es leise fragend von irgendwo her.

„Ja, Martha? Wo steckst du?"

„Hier, George, hier ... Sieh doch ..."

„Martha?"

Ja, George ... ich bin hier ..."

Einen Bruchteil von einer Sekunde verschwand der Mond hinter einer dicken Wolke. Die Schatten der Nacht drangen ins Haus, hockten sich in jeden Winkel.

Ein entsetzter, lang anhaltender Schrei gellte auf, schwoll kurz an und verstummte schließlich.

Am nächsten Vormittag bekam Kommissar Hertz einen merkwürdigen Anruf. „Ein furchtbares Unglück ist geschehen", schluchzte eine Frauenstimme aufgeregt in sein Ohr. „George, mein lieber Schwager, stürzte gestern nacht beim Schlafwandeln die Treppen hinab. ,Genickbruch!', diagnostizierte sein Hausarzt." Das Schluchzen verebbte. „Aber das wissen Sie ja: George war mondsüchtig."

Als Dr. Weiß in der Zeitung darüber las, dachte er skeptisch: „Ach ja? War er das? Für mich war er ein gerissener Schauspieler!"

Löwe

23. 07. – 23. 08.

Tante Else, der Familienschreck

Lisa Reisenberg

*P*lötzlich war sie da. Mit Sack und Pack, mit Taschen und Tüten stand sie spätnachts unerwartet vor Sandmanns Tür und verkündete freudestrahlend: „Überraschung!"

Nora erholte sich zuerst davon. Sie umarmte die alte Dame herzlich, küsste sie auf ihr faltiges Gesicht und hieß sie willkommen.

„Wenn dir das nur nicht bald schon Leid tut!", flüsterte ihr Frank ins Ohr und verdrehte die Augen.

Einen Moment lang fühlte sich Nora unsicher. Tane Elses Ruf als Familienschreck war allseits bekannt. Die alte Dame wurde im Verwandtenkreis regelrecht herumgereicht. Behutsam, versteht sich, denn Tante Elses „Sparstrumpf" wog schwer. Keiner wollte sich schon von vornherein sein dickes Erbe unbedacht verscherzen. So landete Tante Else bald hier und bald da. Gottlob war die Verwandtschaft so weitläufig und groß, dass Nora und Frank bislang ein Besuch der alten Dame erspart geblieben war. Bis heute jedenfalls.

Mit einem Ruck streifte Nora ihr Unbehagen ab. Dieses zarte, unscheinbare Persönchen da ängstigte sie keineswegs. Nora hatte schon ganz andere klein gekriegt.

„Lass dich bloß nicht von ihrem frommen Blick täuschen", warnte Frank, als sie allein waren. „Ich kenne meine Tante besser als du."

Lachend schlang Nora ihre Arme um Franks Hals. „Ach,

Liebling, nur keine Sorge. Nehmen wir die Herausforderung an."

Und die war Tante Else in der Tat. Bereits am nächsten Morgen schockierte sie die Eheleute am Frühstückstisch mit einer Tube „Annabella blau", die sie mit sichtlichem Vergnügen Nora reichte.

„Für dich, meine Liebe", kicherte sie. „Annabella blau' rückt deiner Orangenhaut zu Leibe. Ich selbst schwör drauf."

Frank fiel vor Schreck das Messer aus der Hand. Seine Nora, seine junge, bezaubernde Nora, steckte mit ihren knapp vierzig Jahren noch jeden Teenager spielend in die Tasche. Seine Nora hatte keine Orangenhaut! Wie konnte sich Tante Else bloß derart erdreisten!

„Wenn du bleiben willst, Tante", zischte er sogleich, „dann halte deine Zunge in Zukunft lieber etwas besser im Zaum." Damit brach er sein Frühstück vorzeitig ab und fuhr verärgert ins Büro.

Dass Nora ihn zum Abschied aufmunternd geküsst hatte, war zwar ein gewisser Trost, schaffte aber Tante Else nicht aus der Welt, denn so viel stand fest: Sie würde weiterhin unverdrossen ihr Gift verspritzen. Hohnlächelnd, da sie ja um ihr Geldsäckel wusste.

„Und wüsste ich es nicht auch", vertraute Frank wenig später seinem Freund und Geschäftspartner Daniel an, „säße Tante Else längst auf der Straße!"

„Zu solch drastischen Schritten bist du mit deinem weichen Herzen doch gar nicht fähig", bezweifelte Daniel grinsend. „Auch wenn es um unsere Firma im Moment nicht gerade rosig bestellt ist."

„Eben, und deshalb wär ein Vorschuss auf mein späteres Erbe gar nicht so übel."

„Nicht übel, ja, aber nicht notwendig."

Frank horchte neugierig auf.

„Gestern habe ich zufällig Gabriella Erdinger kennen gelernt", fuhr Daniel fort. „Sie möchte ihre Villa neu mit Antiquitäten bestücken. Heute Abend machen wir die Sache perfekt. Erdingers geben nämlich ein Fest. Wir sind eingeladen. Das heißt, Nora natürlich auch."

„Mensch, Junge! Das ist ja großartig", freute sich Frank. Aber nur kurz. „Und Tante Else?"

„Lass die alte Schreckschraube bloß zu Hause!"

„Leicht gesagt!", dachte Frank und sah Tante Else bereits in Gedanken in ihrem Schwarzseidenen antanzen.

Wie Nora es bis zum Abend schaffte, mit schicker Frisur, neuer Garderobe, geschminkt und frisch maniküt vor Frank hinzutreten, wusste sie später selbst nicht mehr, doch wie Tante Else dasselbe in nur der Hälfte der Zeit zu Wege brachte, blieb ihr auf ewig ein Rätsel. Jedenfalls hakte sich die alte Dame schließlich so freudestrahlend bei Frank unter, dass dieser sie notgedrungen mitnahm. Beruhigend tätschelte Nora seine Hand, wobei sie dachte: „Himmel, steh uns bei!"

Aber weder Himmel noch sonst irgendjemand nutzte, wenn für Tante Else der Tag der Tage angebrochen war. Ausgerechnet heute war so einer: Nichts entging ihr, und mit nichts hielt sie hinter dem Berg. Lediglich Gabriellas Vater amüsierte sich köstlich über sie.

„Schüchtern sind Sie wohl gar nicht", schmunzelte er einmal.

„Das, mein lieber Herr Erdinger", antwortete sie gespreizt, „ist in meinem Alter so überflüssig wie ein Kropf."

Als aber Tante Else mit schiefem Blick auf Gabriellas tiefem Ausschnitt meinte, dass man doch unmöglich seinen Busen wie den ersten Preis einer Tombola ausstellen könne, wurde sogar Vater Erdinger blass.

Frank, der zufällig in der Nähe weilte, erstarrte bei Tante Elses Worten zur Salzsäule. Am liebsten hätte er sich mitsamt seinem Cocktailglas auf den Mond gewünscht.

„Liebling, ist dir nicht gut?", fragte Nora, die gerade mit

Daniel von der Tanzfläche kam.

„Au ... ausgezeichnet", antwortete er rau. „Komm." Damit zerrte er seine Frau in eine verschwiegene Ecke. „Tante Else!", keuchte er dort. „Weißt du, was sie sich eben geleistet hat?"

Nora schwante Schreckliches. Trotzdem konnte sie sich nach Franks Bericht ein herzliches Lachen nicht verkneifen.

„Wo sie Recht hat, hat sie Recht", meinte sie achselzuckend. „Sieh dir doch dieses Fräulein Flattermann mal an? Gut, dass ich weiß, wie viel an diesem Abend für dich und Daniel auf dem Spiel steht." Und wie gut auch, dass sie wusste, wie sehr Frank sie liebte. Die blauen Augen dieser kleinen Erdinger blitzten nämlich eine Spur zu gefährlich.

Unterdessen stand Frank wie auf Kohlen. Noch immer hatte er mit Gabriella kein geschäftliches Wort wechseln können.

„Liebling, kümmere dich doch bitte um Tante Else", bat er Minuten später, da er Gabriella endlich einsam am Büffet stehen sah.

Nora nickte. Und während sie den Rest des Abends Tante Else nicht mehr aus den Augen ließ, ließ Tante Else ihrerseits Gabriella und Frank nicht aus den Augen. Ihren wieselflinken Blicken entging einfach nichts.

Friedlich zog ein neuer Morgen herauf. Das Frühstück verlief erstaunlich ruhig. Zufrieden lächelte Frank vor sich hin. Noch ganz in Gedanken bei dem gestrigen Gespräch mit Gabriella, bemerkte er die misstrauischen Blicke der beiden Frauen nicht.

Nora hielt es schließlich nicht mehr aus. „Nun, Liebling, wie war's?", platzte sie neugierig heraus.

„Prächtig", anwortete Frank. „Erdingers Villa wird mit unseren Antiquitäten beliefert werden. Großartig, nicht?" Er stockte. Unsicher blinzelte er zu Nora hin. „Allerdings wäre da noch eine winzige Kleinigkeit ..."

Nora horchte auf.

„Heute Abend bringe ich Gabriella den Vertrag."

„Was? Du bist bei ihr?", dehnte Nora. „Bei ihr?" Langsam fiel der Groschen, der bei Tante Else längst gefallen war, denn unbesonnen sprudelte sie heraus: „Natürlich ist er bei ihr! Wo sonst? Vielleicht in einem faden, langweiligen Büro, wo weder Sekt noch Kaviar kühl gestellt sind? Nora, mir scheint, du stammst aus der Zopfzeit!"

Frank überging Tante Elses vorlaute Bemerkung, stattdessen griff er nach Noras Hand und streichelte sie sanft. „Schäfchen, du liebes", schmeichelte er. „Kein Grund zur Eifersucht. Wirklich nicht. Es ist ein reines Geschäftsessen. Und nichts anderes."

Nora nickte tapfer.

Frank war noch keine fünf Minuten aus dem Haus, als Tante Else bereits spöttisch wiederholte: „Schäfchen, du liebes ...!" Kopfschüttelnd musterte sie Nora. „O Nora, wenn du gestern diese Miss Schönheitswunder nicht mit Frank flirten hast sehen, bist du, so Leid es mir tut, ein ausgesprochenes Schaf, kein Schäfchen mehr. Aber lass nur! Eine kleine Erdinger zerstört mir nicht mein Heim!"

Nora zuckte entsetzt zusammen. „Heim? Dein Heim?", wiederholte sie. Das fehlte noch. Tante Else für immer im Nacken. Nora beschloss sogleich, klare Verhältnisse zu schaffen.

„Wohntest du nicht bei Franks Bruder und dessen Familie?", ging sie behutsam vor. „Gefiel es dir dort nicht mehr, oder ...? Ich meine, was hast du denen denn getan, dass ..."

„... dass sie mich hinauskomplimentiert haben?", nahm Tante Else ihr das Wort. „Nun, was alte Leute immer tun: Ich stand im Weg."

Grenzenloses Mitleid erfasste Nora. Rasch umschlang sie die zierliche, alte Frau mit beiden Armen. „Ach, Tante Else", sagte sie bloß.

Frank ließ auf sich warten. Der Abend zog sich, auch die halbe Nacht. Endlich kam er. Natürlich erwartete Nora ihn. Im Wohnzimmer, hellwach und streitsüchtig wie nie.

„Du schläfst noch nicht?", fragte Frank verwundert, als er sie in einem Sessel sitzen sah.

„Du vielleicht?", gab sie bissig zurück.

Verdrossen zuckte er die Schulern. „Nichts hat geklappt", seufzte er. „Gabriella hat den Vertrag storniert. Dabei hab ich wie besessen auf sie eingeredet."

„Ach, hast du, ja?"

Frank überhörte ihren Spott. „Und nun rate mal, wem wir diese Pleite zu verdanken haben?"

Für den Moment wusste Nora nicht, worüber sie sich mehr aufregen sollte. Darüber, dass ihre und Franks Zukunft erneut am seidenen Faden hingen, oder darüber, dass er Stunde um Stunde mit Gabriella verbracht hatte. Nora entschied sich für Letzteres.

„Armer Frank!", spottete sie. Ihre Augen funkelten empört. „Glückliche Gabriella! Wie ich dich kenne, wirst du natürlich nicht locker lassen. Weitere gemeinsame Treffs sind sicher schon geplant, nicht wahr?"

Endlich wurde Frank aufmerksam. Sekundenlang musterte er seine Frau. „Verschone mich bitte mit deinem albernen Spott", verlangte er dann. „Außerdem ist deine Eifersucht geradezu lächerlich."

„Lächerlich?"

„Jawohl, lächerlich. Und überhaupt, schuld an allem ist Tante Else. Hätte sie gestern bloß ihr loses Mundwerk gehalten! In der Zwischenzeit ist es Gariella natürlich zu Ohren gekommen, wie geringschätzig meine liebe Tante über ihre Figur denkt. Kein Wunder, dass sie den Auftrag rückgängig gemacht hat."

„Na, wennschon. Soll sie doch!", trumpfte Nora auf.

„Richtig, Kindchen! Soll sie doch", kam es von der Türe her.

Nora und Frank fuhren herum. Tante Else, durch den Lärm aufgeweckt, stand dort.

„Du ...!", zischte Frank. „Du gehst! Und zwar noch heute."

„Sie bleibt", widersprach Nora sanft. „Und zwar für immer."

„Dann ... dann gehe ich!"

Zwei Augenpaare starrten ihn herausfordernd an.

„Eine Frau kann innerhalb weniger Momente aus einem Mann eine lächerliche Witzfigur machen", dachte er, „aber wenn es nun gar zwei sind ..." Wütend stürmte Frank aus dem Zimmer.

Gleich am nächsten Morgen packte Tante Else ihre Koffer. Ihr Gesicht war dabei unendlich traurig.

„Bitte, bleib doch", bat Nora, die ihr nicht weniger traurig dabei zusah. „Frank hat es sicher nicht so gemeint. Du kennst ihn ja."

Tante Else schüttelte den Kopf. „Nein, Kindchen, hier hab ich nichts mehr verloren."

„Aber wo willst du denn jetzt so plötzlich hin?"

Tane Else zuckte ratlos die Schultern.

„Wohl an einem toten Punkt angelangt, wie?", meinte Nora mitleidig und strich der alten Dame sanft über die Wange. Im selben Moment blitzte es in Tante Elses Augen schelmisch auf.

„Ein toter Punkt ist die Pause vor neuen Ideen, hab ich Recht?", erwiderte sie, unterbrach ihr Kofferpacken und verließ beinah froh gelaunt das Haus.

„Tante Else ist verschwunden", empfing Nora Frank, als er abends nach Hause kam. Ihre Stimme klang besorgt.

„Endlich mal eine gute Nachricht", knurrte er.

„Frank!"

„Ja, ja, schon gut", brummte er. Auch er sorgte sich um die alte Dame, und längst bereute er seine scharfen Worte von gestern. „Ob wir die Polizei verständigen?"

Nora stürzte bereits zum Telefon, da hörte sie ein Geräusch an der Haustür. Tante Else war wieder da – und zwar deutlich mehr als nur beschwipst."

„Betrunken!", stöhnte Frank. „Auch das noch! Hört denn das nie auf?"

Tante Else kicherte. „Ihr solltet erst mal Papa Erdinger sehen. Blau wie ... wie ..." Seufzend plumpste sie in einen Sessel. „Wie ein müdes Blatt segelte er zu Boden." Tante Else hatte Spirituosen-Erdinger gründlich unter den Tisch getrunken.

Frank schnappte nach Luft. „Das ist mein Ende!", stöhnte er. „Unser klägliches Ende, Nora."

„Ach, was!", winkte Tante Else ab. „Das ist der Anfang." Ausführlich erzählte sie dann, dass sie mit Vater Erdinger ein ernstes Wörtchen gesprochen und die peinliche Situation auf dem Fest gerade gerückt habe. „Konnte ich ahnen, dass er danach mit sämlichen Spirituosen ankommen würde?", versuchte sie ihren Zustand zu entschuldigen. „Er erwartet dich übrigens morgen in seinem Büro, Frank, um die Sache endlich perfekt zu machen. Einer Zusammenarbeit mit Erdinger steht also nichts mehr im Weg."

Zunächst herrschte Schweigen. Frank war der Erste, der es brach.

„Mensch, Tante Else", rief er glücklich, zerrte die alte Dame aus dem Sessel und drückte sie stürmisch an sich. „Wir sind gerettet." Er lachte und wurde erst nach einer Weile ernst. „Ich hab mich wie ein Dummkopf benommen", entschuldigte er sich.

Tante Else nickte.

„Verzeihst du mir?"

Sie nickte wieder. Ein schelmisches Funkeln lag in ihren grauen Augen.

„Und sie bleibt bei uns?", mischte sich Nora ein.

„So lange sie will", antwortete Frank so schuldbewusst, dass Nora gnädig Erbarmen zeigte. Inzwischen hatte sie längst begriffen, dass zwischen ihrem Mann und Gabriella nicht die leiseste Spur von Interesse aufgeflammt war. Tante Elses Späheraugen ließen wohl doch schon ein wenig nach. Frank liebte nur sie. Sie war seine Welt, in die von nun an auch Tante Else gehörte.

Traumfrau für einen Bruder

Jan Henning

Heidi setzte sich mit angezogenen Knien der jungen Dame gegenüber und fixierte sie durchdringend.

„Heidi!", warnte Daniel leise.

„Was denn? Stör ich etwa?"

„Und ob!" Entschlossen packte Daniel seine fünfzehnjährige Schwester am Kragen und bugsierte sie unsanft aus dem Zimmer.

„Aua!", protestierte sie. „Du tust mir weh, du Ungeheuer."

„Schwestern!", seufzte er und warf einen bedauernden Blick zu Sybille hin.

Draußen in der Diele ließ er Heidi los. Mit funkelnden Augen sah sie ihn an.

„Wie bekommst du nur immer raus, dass ich Damenbesuch habe", schimpfte er. „Lass mich gefälligst in Ruhe!" Die Worte hätte er sich sparen können, denn schon von Kindheit an tanzte ihm Heidi auf der Nase herum. Bislang hatte er es sich gutmütig gefallen lassen. Doch neuerdings kümmerte sich Heidi auch sehr intensiv um sein Liebesleben. Sie nahm alle seine Freundinnen gründlich unter die Lupe, inspizierte sie und meckerte schließlich an jeder herum. Scheinbar war keine gut genug für ihren Daniel.

„Du, diese Sybille macht dich unglücklich", sagte sie eben wieder. „Glaub mir, so was seh ich gleich."

„Quatschkopf!", schimpfte Daniel. „Und so was will schon erwachsen sein." Damit schob er Heidi zur Türe hinaus.

Als Daniel zu Sybille zurückkehrte, wusste er, was die Glocke geschlagen hatte: Sybille war immer noch wütend. „Reg dich bitte nicht auf", bat er zerknirscht. „Heidi ist manchmal etwas ungestüm, ich weiß. Aber sie meint's nicht so."

Sybille lachte spöttisch. „Ich rege mich nicht auf", antwortete sie. „Nein, wirklich nicht. Ich bin nur stinkwütend!" Sie erhob sich und musterte Daniel von oben bis unten geringschätzig. „Deine Schwester wird mir nicht noch einmal auf den Kopf spucken. Das war das letzte Mal heute. Leb wohl, Daniel."

„Aber Liebling ... Sybille! ... Sybi ..." Da war sie schon draußen. Daniel seufzte. „Sybille ist einfach zu empfindlich", dachte er deprimiert.

Ganz anders war es mit Irene. Über Heidis sonderbare Mätzchen lachte sie nur. Bis ihr das eines Abends gründlich verging.

Daniel war gerade in der Küche, um Kaffee aufzubrühen. Beglückt lauschte er auf das muntere Geplauder nebenan. Irene und Heidi verstanden sich großartig. Wie wunderbar! Plötzlich herrschte Stille. Daniel wurde unbehaglich zu Mute. Er nahm das Tablett mit dem Kaffee und den Tassen und betrat beunruhigt das Wohnzimmer.

„Alles in Ordnung?", fragte er hoffnungsvoll, bis er Irenes Gesicht sah: Es war bleich, kreidebleich! Mit ihrem Zeigefinger wies Irene auf Heidi. „Sie hat mich nach meinem monatlichen Einkommen gefragt", erzählte sie mit schwankender Stimme. „Ob ich meine Krankenkasse pünktlich bezahle, und wie's später mal mit meiner Rente aussieht."

„Na ja", sagte Heidi ungerührt. „Man soll nie die Katze im Sack kaufen."

Daniel rieselte es heiß und kalt den Rücken hinab. Mit zitternden Fingern stellte er das Tablett auf den Tisch. Aber noch bevor er seine Schwester fassen konnte, war sie ihm entwischt. Mit einem perlenden Lachen sauste sie aus der Wohnung

„Das ist das Ende", dachte er unglücklich. Es war das Ende.

„Ruf mich nie wieder an!", rief Irene empört. „Hörst du? Nie wieder. Du Blödian. Und viel Pech für dich!"

Die längst fällige Moralpredigt war saftig. Heidi hielt die ganze Zeit über den Kopf betreten gesenkt.

„Sieh doch ein, Schätzchen", sagte Daniel nach einer Weile wieder etwas freundlicher gestimmt. „Du vermurkst nur alles. Jeder will irgendwann mal eine nette Frau, Familie und Kinder. Ich auch."

„Wenn das alles ist", meinte Heidi, munter wie eh und je. „Dann nimm doch einfach Regine."

„Regine?" Diesen Namen hatte er noch nie gehört.

„Regine Kuhl, die Schwester meiner besten Freundin. Maßlos intelligent, sag ich dir, und so was von hübsch."

Über so viel Naivität konnte Daniel nur lachen. „Wie stellst du dir das denn vor?", fragte er. „Soll ich einfach bei ihr auftauchen, oder wie?"

„Ach, Tilly und ich haben das längst geschaukelt. Du brauchst Regine nur noch anzurufen."

Daniel riss die Augen auf. „Also das ist die Höhe, Heidi! Meine Freundin such ich mir alleine aus. Halt dich da gefälligst raus, verstanden?"

Heidi dachte imTraum nicht daran. In ihrer unbekümmerten Art vergraulte sie ihm weiterhin jede Frau, die er kennen lernte. Daniel raufte sich die Haare.

„Wenn du wenigstens einmal mit Regine ausgehen würdest", kam sie immer wieder auf ihr Lieblingsthema zurück. Und in einem Anfall von Wut und Ratlosigkeit stimmte er schließlich zu. „Schön, dann ruf ich sie eben an. Aber mach dir bitte keine Hoffnungen."

Heidi nickte begeistert. Natürlich machte sie sich Hoffnungen.

Nun saß Daniel erst recht in der Patsche, denn an einem Date mit Regine lag ihm nichts. Aber wohl oder übel musste er nun in den sauren Apfel beißen. Und so rief er sie eines Abends an. „Hallo", sagte er mit merkwürdig fremder Stimme. „Hallo, äh ... hier spricht Daniel, Heidis Bruder ..."

Mit einem herzlichen Lachen unterbrach die junge Frau ihn. „O, wie nett, mein Zukünftiger, sozusagen ..."

Daniel bekam sofort kalte Hände. Dass Regines Lachen überaus reizend klang, versuchte er zu ignorieren. „Sie wissen also Bescheid?", hakte er nach.

„Klar. Tilly und Heidi preisen Sie mir schon seit längerem wie ein Stück Hefekuchen an."

Das saß! Daniel erschrak. „Die ist ja schlimmer, als ich vermutet habe", dachte er.

Regine schlug vor, sich so bald wie möglich zu treffen. „Ich muss dringend mit Ihnen reden", erklärte sie.

Daniel stimmte notgedrungen zu. „Wenn ich nicht mächtig aufpasse", überlegte er, „stehe ich schneller vor dem Traualtar, als ich bis drei zählen kann."

Am Tag darauf betrat Daniel das Restaurant, in dem er mit Regine verabredet war. Dort erst fiel ihm ein, dass er sie gar nicht kannte. Neugierig begann er, alle anwesenden Frauen der Reihe nach zu mustern. Bei einer blieb sein Blick haften. Wenn das Regine wäre! In ein solch reizendes Wesen würde er sich der Stelle verlieben können. Dunkles, weiches Haar, ein süßer Mund und strahlende Augen. Aber so viel Glück hatte er ganz sicher nicht.

Es war Regine! Diese bezaubernde junge Frau kam tatsächlich auf ihn zu und sagte: „Hallo, Daniel." Auf seinen verdutzten Blick hin, erklärte sie: „Heidi gab mir ein Foto von Ihnen, deshalb hab ich Sie gleich erkannt."

Bis sie an ihrem Tisch saßen, hatte sich Daniel von dieser Überraschung erholt. Regine kam sofort zur Sache. „Natürlich ist es Blödsinn, was Heidi und Tilly da zusammen ausgeheckt haben."

„Ach ja?" Daniel musste sich eingestehen, dass er diese Idee plötzlich ausgesprochen reizend fand.

„Natürlich!", nickte sie heftig.

Der Ton in ihrer Stimme kränkte ihn. Wirkte er denn so abstoßend? Bis heute war doch jede Frau auf ihn geflogen. Regine schien die Ausnahme zu sein.

„Aber damit wir endlich Ruhe haben vor diesen Quälgeistern", plauderte sie weiter, „spielen wir einfach mit."

„Und wie soll das funktionieren?"

„Himmel, strengen Sie Ihre Fantasie etwas an", forderte ihn Regine auf.

Daniel versuchte es, aber alles, was herauskam, war, dass er sich und Regine Arm in Arm durch die Nacht schlendern sah.

Ihr missbilligendes Seufzen riss ihn aus seinen wunderschönen Gedanken hoch. „Ganz einfach", erklärte sie. „Sie holen mich, sichtbar für Heidi und Tilly, Abend für Abend ab, und irgendwo in der Stadt trennen sich unsere Wege wieder. Wie finden Sie das?"

„Schlecht", dachte Daniel, der nur noch eines im Sinn hatte, Regine näher kennen zu lernen. Er griff zur Speisekarte. „Was wollen wir essen?", lenkte er ab, um Zeit zu gewinnen.

Bedauernd schüttelte Regine den Kopf. „Sie können essen, was Sie wollen. Ich verschwinde gleich. Heiko wartet bereits auf mich."

„Was? Sie haben einen Freund?", stieß Daniel verblüfft hervor.

Regine runzelte die Stirn. „Klar. Was dachten Sie denn?"

Daniels Enttäuschung wuchs. Da saß er nun einer der bezauberndsten Frauen gegenüber, und schon wollte sie wieder verschwinden! Aber er fasste sich rasch. „Abgemacht", ging er lächelnd auf Regines Plan ein. „Wer weiß?", dachte er. „Vielleicht hab ich sogar Glück, und Regine verliebt sich in mich."

„Passt es Ihnen morgen abend um sieben Uhr?", fragte sie zum Abschied.

O ja, es passte großartig!

Anfangs sprühte Daniel nur so vor Optimismus. Er bot all seinen Charme auf, um Regine für sich zu gewinnen. Doch schon eine Woche später war kaum noch was übrig davon. Regine reagierte auf keinen seiner Annäherungsversuche. Und was das Schlimmste war: Sie schwärmte pausenlos von Heiko ...

Nach einer weiteren Woche stellte Daniel beunruhigt fest, dass ihn andere Frauen nicht die Spur mehr interessierten. Seine Gedanken drehten sich einzig um Regine, die leider nichts von ihm wissen wollte ...

„Siehst unglücklich aus, Daniel", stellte Heidi eines Nachmittags besorgt fest. „Hattest du Streit mit Regine? Doch nicht etwa wegen dieses Blödians!"

Entgeistert starrte Daniel seine Schwester an. „Woher weißt du von Heiko?", wollte er wissen. Konnte man denn gar nichts vor seiner naseweisen Schwester verbergen?

„Heiko?", wiederholte sie verdutzt. „Ach wo, mit dem ist es doch schon lange aus."

„Aus?", echote Daniel verdattert.

„Logo. Jürgen heißt der Neue!"

Jürgen! Daniel war wie vom Donner gerührt. Nicht zu fassen. Regine betrog ihn.

„Mensch, Daniel", lachte Heidi. „Schmeiß dich doch endlich ran an Regine, wenn es das ist, was du falsch machst. Nur wer baggert, findet Kies."

„Heidi!", wies er seine Schwester sofort zurecht. „Kümmere dich um deinen eigenen Kram."

Dennoch ließen ihn Heidis Worte nicht mehr los. Womöglich hatte sie ja Recht. Zu allen anderen war Regine bezaubernd, nur ihm gegenüber spielte sie die Spröde. Er musste herausfinden, wieso.

Am Wochenende darauf, so gegen Mittag, klingelte er an Regines Tür.

„Ach", staunte sie, als sie ihn sah. „Sind wir verabredet?"

„Jetzt ja", antwortete er. „Der Sonntag ist herrlich, wir fahren ins Grüne."

Regine machte ein abweisendes Gesicht. „Danke, aber: nein, danke! Ich bin schon verabredet."

„Mit Jürgen?" Spöttisch lächelte er.

Regine wurde kurz verlegen, doch dann nickte sie. Herausfordernd sah sie ihm ins Gesicht. „Und wenn? Geht Sie das etwas an?" Ihre Augen sprühten, und Daniel fand sie in diesem Moment hinreißender denn je.

„Natürlich nicht", antwortete er. „Und was spricht sonst dagegen, dass Sie mit mir diesen Nachmittag verbringen? Ich beiße nicht, manchmal bin ich sogar richtig nett."

An seiner Stimme erkannte Regine, dass sich Daniel nicht abwimmeln lassen würde. „Okay", gab sie also nach. „Kann ich Jürgen noch Bescheid sagen?"

Daniel nickte. „Wie herrlich!", dachte er zufrieden. „Ein ganzer Nachmittag mit Regine."

Zehn Minuten später kam sie wieder zurück. „Jürgen kommt mit", erklärte sie eiskalt.

„Soll das ein Witz sein?"

„Wir können die Sache auch ganz sein lassen", erwiderte sie gleichgültig.

Der Nachmittag war die totale Pleite! Deprimiert kehrte Daniel nach Hause zurück. „Und alles wegen dir", schnauzte er seine Schwester an, die auf einen Sprung zu ihm ins Zimmer gekommen war.

„Wieso denn?", staunte sie.

„Wer hat mir denn Regine aufgeschwatzt, hm? Du doch, oder? Dabei will sie mich gar nicht."

„Oh, Daniel!", jammerte Heidi, die ihren Bruder nie so aufgeregt erlebt hatte. „Ich hab's doch nur gut gemeint." Dicke Tränen kullerten inzwischen über ihr Gesicht.

Daniel bekam Mitleid. „Schon gut, Spätzlein", tröstete er.
Am nächsten Tag knöpfte er sich Regine vor. „Bei Ihrem
blöden Plan mach ich nicht mehr mit", brummte er. „Gehen
Sie aus, mit wem Sie wollen, mich mögen Sie ja nicht."

„Und das wundert Sie? Ja, glauben Sie denn, ich bin eine Art Steak, nach dem man einfach schnappt?"

„Wie kommen Sie denn darauf?"

„Heidi und Tilly erzählten mir, dass Sie jede nehmen würden."

Daniel lächelte weich. „Nicht jede, Regine", sagte er. „Nur
dich. Und wenn du willst, fangen wir noch einmal von vorne
an."

Regine brauchte nicht lange zu überlegen. Sie strahlte:
O ja! Und wie sie wollte!

○

Jungfrau

24. 08. – 23. 09.

Wann wird Dornröschen wach geküsst?

Emma Jago

Im „Augustiner Keller" war es heiß und voll. Angela setzte sich an ihren Tisch und nahm einen Schluck Wasser. Sie ärgerte sich, dass sie sich von ihrer Freundin zu dieser „Magischen Nacht" hatte überreden lassen.

„Menschenskind, du schaffst doch alle Klausuren, also genieße wenigstens einen Abend. Außerdem ist dieser Ball wirklich die Nacht der Nächte", hatte Kerstin gesagt. Angela hatte sich ein Hexenkostüm ausgedacht. Eine giftgrüne Perücke verdeckte ihren rotblonden Lockenkopf. Über einem tief ausgeschnittenen schwarzen Spitzenbody trug sie einen bunten Fransenrock mit grünen Stiefeln, die bis über die Knie reichten. Sie kam sich lächerlich vor, aber wenn sie die anderen Verkleidungen betrachtete, empfand sie sich eher als Mauerblümchen. Hier schien sich die ganze Welt der Teufel mit mehr als aufreizenden Hexen versammelt zu haben. Da gab es Frauen mit einem bloßen Nichts am Leib und Gestalten mit hautengen Strumpfhosen und der Satansmaske auf dem Kopf.

„Typisch, Mann", dachte Angela. „Hörner auf dem Kopf, aber den Macho spielen wollen."

„Wenn das nicht mein rotlockiger Löwe aus der Penne ist." Eben einer dieser Teufel, die zu Dutzenden vertreten waren, stand vor ihr.

„Heiner, was treibt dich denn in diesen Haufen organisierter Fröhlichkeit?"

Angelas ehemaliger Schulfreund hatte seine schwarze Augenmaske auf die Stirn gezogen. Seine Augen blinzelten wie früher, und er sah immer noch wie ein nervöses Rennpferd vor dem Start aus.

„Mein Vater hat seinen Betriebsrat eingeladen. Ich muss die Pflichtrunden mit den Damen drehen. Eins und zwei und Wechselschritt. Mädchen, dich schickt der Himmel, komm, tanze mit mir." Eine verschwitzte Hand fiel auf Angelas Schulter. Widerstrebend ließ sie sich auf die Tanzfläche ziehen.

Heiner musste wahrhaft gelitten haben, da er an ihrem Ohrläppchen knabberte, ihren Hals mit Küssen bedeckte und seine Hände überall waren. Für Angela war es damals nicht mehr als ein Techtelmechtel zwischen Langeweile und Latein gewesen, doch er sah es offenbar heute noch anders.

„Weißt du noch in der Schule ...?" Eine Hand wanderte auf Angelas Busen, die andere glitt gefährlich tief über ihren Rücken.

Angela stemmte sich gegen die Umarmung. Ein spitzer Absatz bohrte sich in ihren Fuß. Das Lachen und Stimmengewirr pochten in ihrem Kopf. Ihr Herz klopfte wild. Heiner hielt es für ein Zeichen der Leidenschaft und schob ein Knie zwischen ihre Schenkel. Ihr wurde übel. Sie musste weg von dieser Krake, die sie verschlingen wollte. Sie dachte an das Gretchen in Faust und ließ sich langsam und vorsichtig inmitten des Gedränges zu Boden sinken. Dieses Manöver hatte Erfolg, und Heiner brachte sie zu einer Bar. Sie ließ sich zu einem Glas Sekt überreden, der ihre Lebensgeister weckte.

„Sohnemann, wer ist die Schönheit an deiner Seite?" Angela drehte sich um. Da stand noch so ein Teufel neben Heiner, nur war er größer und die Stimme dunkler.

„Vater, das ist Angela. Wir haben zusammen Abitur gemacht."

„Wollen Sie mit mir tanzen?", fragte der Teufel, nahm seine Maske ab und streckte ihr erwartungsvoll die Hand entgegen. Auf einmal war Angela nicht mehr übel, und sie ließ sich bereitwillig auf die überfüllte Tanzfläche ziehen, die ihr wie eine einsame Insel vorkam, als sich wunderbar trockene und kühle Hände auf ihre Schultern legten und dort ruhten, als gehörten sie schon immer da hin.

„Was will mein missratener Sohn von Ihnen? Er ist zu jung für Sie."

„Er hat mich hier entdeckt. Früher habe ich ihm Nachhilfe gegeben."

„Ich hoffe, in einem ernsthaften Fach."

„Nur in Deutsch." Angela musste lachen und schmiegte sich unbewusst noch näher an Heiners Vater, als sie aus den Augenwinkeln entdeckte, dass das Söhnchen wütend mit einem Absatz seiner schwarzen Stiefel auf den Boden trommelte und sie missmutig beobachtete.

„Ich heiße Paul. Darf ich Sie Angela nennen?"

Sie konnte nicht antworten, da Paul sie noch enger an sich zog. Am Hals hatte er ein Muttermal, das sich bei jeder Bewegung veränderte. In diesem Augenblick sah es wie ein Halbmond aus. Als die Kapelle das Pausenzeichen spielte, löste Angela sich beinahe enttäuscht aus Pauls Armen.

„Vater, du solltest an deinen Rücken denken, wenn du tanzt", sagte Heiner, als sie an die Bar zurückkehrten.

„Liebe Angela, mein zukünftiger Nachfolger denkt, dass ich mit meinen achtundvierzig Jahren schon zum alten Eisen gehöre und nicht mehr für solche Vergnügungen tauge. Aber wenn im Fernsehen ein Tief angekündigt wird, legt er sich bereits mit einer Grippe ins Bett."

Angela griff nach ihrem Glas und trank es in einem Schluck leer. Sie geriet hier entweder in ein Familiendrama oder in einen Generationenkonflikt, den sie nicht verstand und der ihr nicht gefiel.

„Heiner, danke für den Sekt. Aber ich möchte jetzt nach

Hause."

„Ich hole dir ein Taxi." Das kam von Heiner.

„Ich fahre Sie nach Hause", sagte Paul.

Auf einmal saß Angela auf dem Rücksitz eines Taxis, links und rechts von Vater und Sohn flankiert. Sie spürte den Druck und die Wärme der beiden Männerkörper und fühlte sich in dem Augenblick kreuzunglücklich. Heiner erschien ihr unreif und legte ein mehr als kindisches Verhalten an den Tag. Aber ihr gingen seine Worte nicht aus dem Kopf, als Paul die Mäntel von der Garderobe geholt hatte.

„Ganz erstaunlich, was mein Alter mit seinen Knochen noch anstellen kann, und nachher im Bett holt er sich eine Rheumadecke."

„Du bist unfair", hatte sie geantwortet. „Dein Vater ist ein toller Tänzer und außerdem ein interessanter Mann."

„Klar, und der Boss einer gut gehenden Firma, der so einer rot gelockten Lady mehr bieten kann als der Pimpf. Der durfte nur die Schultasche tragen."

„Du benimmst dich albern. Ich tanze mit einem Mann, den ich gerade kennen gelernt habe. Ich sage, er gefällt mir, und du spielst den beleidigten Romeo in einer Fassung von Courths-Maler."

„Von wem?"

„Sorry, ich vergaß, Literatur war nie deine Stärke."

„Wetten, dass er dich morgen anruft und dich zu ‚Gerard' einlädt, der diese sagenhaften ‚Tournedos á la Parisienne' macht?" Heiners Adamsapfel hüpfte auf und ab. „Warum hat Mutter wohl die Scheidung eingereicht? Weil sie es nicht mehr ertragen konnte, dass er abends den perfekten Ehemann und Vater mimt und tagsüber seinen Tippsen an die Titten greift."

„Du bist ordinär und lächerlich eifersüchtig. Das ist nicht fair."

„Wie ich sehe, hat mein Sohn Sie nicht gelangweilt", hatte Paul gesagt und Angela aus diesem peinlichen Gespräch befreit.

Und nun saßen sie im Taxi vor ihrer Haustür, ein heftiger Sturm blies kalte und große Flocken an die Scheiben, und der Fahrer wartete ungeduldig. Als Angela ausstieg, hakte sich Heiner bei ihr unter und flüsterte: „Vergiss mich nicht." Paul drückte ihren anderen Arm. „Ich werde Sie morgen anrufen, wenn ich darf." Sie konnte beiden nur noch müde zunicken.

Das Telefon schwieg am nächsten Tag, an dem das Wetter richtig zu einer griesgrämigen Laune einlud. Der Wind heulte um die Häuser, und Unmengen von Schnee spotteten den Menschen. Dafür läutete es an der Tür.

„Lieber Gott, bitte lass es nicht Mutter sein", flehte Angela, als sie öffnete. Es war ein Bote mit einem Strauß Orchideen. Es waren genau einundzwanzig mit einer Karte: *Danke für die schönen, viel zu kurzen Stunden. Paul,* stand darauf und darunter eine Telefonnummer. Angela zitterten die Knie. Sie atmete den schweren Duft der Blumen. Vor dem Telefon zögerte sie. Zwischen den Tasten blinzelten ihr dunkelgraue Augen zu. Sie wählte die Nummer. Noch vor dem ersten Freizeichen legte sie auf. „Einundzwanzig Orchideen sind für ein Spiel ein zu teures Geschenk", dachte sie.

„Alberne Zimtzicke, ruf ihn doch an und bedanke dich für die Blumen." Angela fuhr sich durch die Locken.

„Hetz mich nicht", flüsterte sie der inneren Stimme zu. „Ich bin noch nicht einmal geduscht und sehe grauenhaft aus."

„Du willst ihn doch anrufen und nicht mit ihm ..."

„Hör auf. Gut, ich rufe ihn an."

Trotzdem warf sie einen Blick in den Spiegel, nahm das Telefon mit ins Bett und wählte.

„Paul, ich möchte mich für die tollen Blumen bedanken."

„Angela, wie schön. Ich traute mich einfach nicht, Sie um etwas zu bitten. Da schickte ich den Blumenboten vor."

„Um was wollten Sie mich bitten."

„Mit mir zum Essen gehen. Wissen Sie, ich kenne da ein Lokal ..."

Angela hielt den Atem an. „Wenn er jetzt von den Tournedos anfängt, lege ich auf."

„Ja, wo?"

„Es ist ein winziger Biergarten. Aber man kann dort auch im Winter hervorragend essen. Wie wäre es mit morgen Abend?"

Vor Erleichterung lachte sie laut auf.

„Und wie ich Lust habe."

In der Gaststube war es warm und gemütlich. Sie erinnerte Angela an längst vergessene Märchen. Und so verlief auch der Abend. Pauls Augen, sein liebkosender Blick, seine Stimme, die fantastische Geschichten erzählte, bauten eine wohlige Wolke, auf der sie willenlos, aber unsagbar zufrieden dahinglitt. Sie wurde erst wieder wach, als sie vor ihrer Haustür standen, Paul sie auf die Lider küsste und sie mit einem „Ich rufe Sie morgen an" beinahe in die Wohnung schob.

Ernüchtert starrte Angela auf die Innenseite der Tür und stampfte mit dem Fuß. Entweder war Paul ein Kavalier der alten Schule, der sich mit der Eroberung Zeit ließ, oder sie kannte dieses Spiel noch nicht. Im Badezimmer griff sie nach der Seife. Sie hatte die Form eines Apfels.

„Warte nur, mein spröder Adam." Angela kicherte. „Eva brauchte eine Woche für den Sündenfall. Ich schaffe es früher."

Angelas Festung hielt nicht nur drei Tage, sondern jetzt schon drei Wochen, und Paul tat nichts, um sie zu Fall zu bringen. Doch irgendwann war das „Du" gekommen. Es war am Faschingsdienstag gewesen. Sie waren auf den Wallberg gefahren. Ein eisiger Wind pfiff über den Kamm und verscheuchte die Wolkenfetzen, hinter denen eine klare Wintersonne hervorbrach und die schneebedeckten Gipfel in ein frostiges, eisiges Licht tauchte. Angela stemmte sich gegen die Böen. Ihr Gesicht prickelte, da hatte Paul sie in die Arme geschlossen und gemurmelt:

„Geliebtes Dornröschen, hab noch ein wenig Geduld mit mir." Für eine kleine Ewigkeit hatte sich Angela unendlich geborgen und warm gefühlt. Am selben Abend hatten sie dann ihren ersten Streit gehabt, beim Kehrausessen in Tegernsee.

Der Geschäftsführer begrüßte Paul wie einen alten Bekannten und sprach Angela mit „Gnädige Frau", was umso unverschämter klang, als seine Augen genüsslich ihre Beine ansahen und dann Paul anerkennend zunickten.

„Dieser beflissene Schwarzrock hat mich mit seinen Blicken ausgezogen. Wie ein Flittchen kam ich mir vor."

„Bitte nicht. Wir wollen heute doch feiern." Paul griff nach ihrer Hand, die sie heftig zurückzog, und bestellte eine Flasche Champagner. Er schmeckte köstlich und steigerte ihre Kampfeslust.

„Überall, wo du mich hinführst, wissen sie doch, dass ich nicht deine Tochter bin, und schauen mich an wie Rosemarie Nitribit."

„Woher kennst du Küken die denn?"

„Ich habe mehr als zwei Zeitungen in meinem Leben gelesen und einen Fernseher, mit dem ich mich tröste, wenn der Herr Generaldirektor seine Studentin mit Rosen hinhält."

„Du bist ungerecht."

„Nein." Er hatte natürlich Recht, aber sie konnte nicht aufhören. „Wenn es nur wahr wäre, wenn die Leute hinter meinem Rücken tuscheln, dann könnte ich es ertragen. Aber du schleppst mich in sündteure Lokale und Konzerte und setzt mich dann fürsorglich wie einen verlaufenen Hund vor meiner Wohnung ab." Sie nahm einen Schluck. Sie wusste, sie durfte Paul keine Chance zur Antwort geben.

„Du hast mich erst einmal nach Hause eingeladen, und auch nur, weil Heiner nicht da war. Du schämst dich vor ihm." Eine Zucchinischeibe, die sie aus dem Salat gefischt hatte, fiel von der Gabel in das Glas. Sie schwamm wie ein träger Frosch. In den Märchen war alles fiel einfacher. Da klappte es mit einem Kuss.

„Das Thema Heiner ist schon lange fällig."

„Du bist kein Frosch." Sie unterbrach ihn.

„Wieso Frosch?"

„Ach nichts. Was ist mit Heiner?"

„Im Zorn siehst du besonders bezaubernd aus, Dornröschen." In seinem Lächeln lag dieses Strahlen, das sie wehrlos machte. „Mein Sohn nimmt mir übel, dass ich die Scheidung besser verkraftet habe als er. Doch das ist ein Thema für die Fastenzeit, die in drei Stunden anfängt. Und bis dahin lass uns tanzen und fröhlich sein."

„Du brauchst nichts zu sagen. Nur ‚gute Nacht und Kuss'", hatte Angela müde vor ihrer Haustür gemurmelt und Pauls Muttermal am Hals gestreichelt.

Am nächsten Tag erhielt sie eine asiatische Skulptur, die, je nachdem, wie sie stand, entweder ein lachendes oder ein weinendes Gesicht und noch dazu eine männliche und weibliche Gestalt aufwies.

„Ach, Konfuzius." Angela drehte die Figur, bis sie wie eine tränenreiche Madonna aussah. „Was soll ich nur machen? Jetzt ist er drei Tage weg, redet über irgendein dummes Spannungsfeld. Dafür hätte er nicht auf den blöden Kongress fahren müssen." Bevor sie der anderen Seite, dem siegessicheren Satyr, ins Auge sehen konnte, läutete das Telefon.

„Kerstin, wie erobert man einen Mann?", fragte Angela, bevor ihre Freundin von ihren Abenteuern berichten konnte. Ging es um Gefühle, Glück oder Unglück in der Liebe, entwickelte Kerstin die Energie einer führerlosen Dampfwalze, stürmte wenig später in die Wohnung und bohrte so lange, bis sie alle Einzelheiten kannte.

„Und er hat noch nie? Ihr beide habt noch nie? Ich bin platt. Da höre ich schon die Hochzeitsglocken, so verliebt muss Paul in dich sein."

„Nur weil er nie ...?"

„Der denkt doch, dass du noch ... und Männer in einem gewissen Alter fasziniert das."

„Paul ist achtundvierzig, und ich bin tatsächlich noch ..."

„Was? Ist ja sagenhaft. Das verändert alles." Kerstin sah aus, als habe jemand den Zündschlüssel ihrer Dampfwalze gestohlen.

„Wieso?" Angela ertappte sich, wie sie an einem Daumennagel kaute.

„Da müssen wir einen neuen Schlachtplan entwickeln. Höre einer erfahrenen Frau zu, wie man so ein klägliches männliches Schilderhäuschen zum Einsturz bringt."

Kerstins Plan war einfach und gefährlich.

„Heiner, hier ist Angela."

Das Schweigen hätte ein Telefonbuch zum Weinen gebracht.

„Wir haben uns lange nicht gesehen."

Es war einfacher, einem jungen, störrischen Hund beizubringen, Männchen zu machen, als diesen beleidigten Klotz zu erweichen. Kerstin hätte an ihrem schmachtenden Monolog ihre helle Freude gehabt, der endlich auch Erfolg brachte.

„Gut, dann treffen wir uns am Freitag im ‚Papillon'."

Diese Kneipe war derzeit unglaublich schick. Angelas Gesicht verwandelte sich in eine kubistische Schwarz-Weiß-Landschaft. Sie trug Stiefel, deren Absätze beinahe genauso hoch waren wie der Schaft, und Hosen, deren Schlag als Fahne hätte dienen können. Auf Heiner schien dieser weibliche Zombie Eindruck zu machen.

„Du siehst stark aus." Sein Adamsapfel geriet außer Rand und Band.

Angela klimperte mit den aufgeklebten Wimpern und schwieg. Sie mochte Heiner immer noch nicht.

„Kummer, Mädchen? Die Romanze mit meinem Alten läuft nicht so gut, wie?" Sein Grinsen war schlicht widerwärtig.

„Ich fürchte, du hattest Recht."

„Nicht doch, Baby, keinen Wasserfall. Hier ein Taschentuch, und jetzt erzähl."

„Und dann hat er mich tatsächlich zu den Tournedos eingeladen", schluchzte Angela. „Heiliger Konfuzius, ich werde nie mehr lügen, wenn du mir nur dieses eine Mal hilfst", flehte Angela und nahm ein neues Taschentuch.

„Tja, meine Kleine, und jetzt kommt der große Herzenskitter und breitet seinen Trostmantel aus wie weiland der gute Antonius."

Selbst bei den Heiligen kennt sich dieser selbstgestrickte Casanova mit Webfehlern nicht aus, dachte Angela und warf einen schmachtenden Blick auf Heiner.

„Morgen abend gebe ich ein Fest. Mein Alter kommt erst morgen wieder."

Angela wusste, dass das nicht stimmte.

„Eine heiße Party wird dich auf andere Gedanken bringen. Ich habe ein paar nette Leute eingeladen."

Dass Heiner das nicht getan hatte, dafür hätte Angela Konfuzius verwettet.

„Ist acht okay?"

Angela konnte seinen lüsternen Fischaugenblick nicht mehr ertragen.

„Willst du den Cocktail nicht bezahlen?"

Sie legte einen Zehn-Mark-Schein auf den Tisch. Selbst in der Schule hatte dieses schottische Ekel ihr noch nicht einmal einen Radiergummi geliehen.

Die heiße Fete sah genauso aus, wie Angela es sich gedacht hatte. Obwohl sie eine halbe Stunde zu spät gekommen war, musste sie noch eine gefährlich lange Zeit überbrücken, in der sie sich wie auf dem Faschingsball vorkam, da Heiners Hände wieder überall waren. Sie fühlte sich wie eine Muschel in einer Riesenkrake. Eine Bemerkung von Paul fiel ihr ein.

„Was macht eigentlich deine Reiterei?"

Die Frage fiel auf fruchtbaren Boden. Doch die Minuten schleppten sich wie zäher Klebstoff. Endlich hörte sie einen Motor und seufzte so schwülstig, wie sie vermochte, und legte Heiner einen Arm um den Hals.

„Du kannst so wunderbar spannend erzählen. Dafür hast du einen Kuss verdient."

Mehr denn je ähnelte er einem dieser armen Gäule, die ungeduldig in den Startmaschinen standen. Es war ekelhaft, was er tat, brachte sie aber in eine ausreichend verfängliche Lage, als helles Licht erstrahlte und Paul im Zimmer stand.

„Was soll das? Heiner! Du, Dorn ...?"

Was dann folgte, sollte Angela nie mehr vergessen. Paul ohrfeigte Heiner, und sie spürte Hände, die sie von der Couch rissen und in den Flur zerrten.

„Einen Mantel hattest du nicht dabei? Hier ist Geld für das Taxi, das dir dein feuriger Liebhaber bestimmt noch nicht gegeben hat, obwohl die Bezahlung sonst vorher erfolgt."

Angela konnte erst wieder einen klaren Gedanken fassen, als sie in ihrer Wohnung war und Konfuzius drehte.

„Das haben die kluge Kerstin und die ach so liebe Angela toll gemacht. Genau nach Plan, der nur einen Fehler hatte." Ein hysterisches Lachen stand im Wettkampf mit einem Heulkrampf, aus dem die Tränen als Sieger hervorgingen.

Am nächsten Morgen packte sich Angela Eiswürfel auf die Augen, als aus dem Telefon Kerstins burschikoses Organ schlimmer als jeder Wecker dröhnte.

„Lass mich in Ruhe. Ich will sterben. Du störst mich dabei."

„Wieso? War der Plan nicht gut?"

„Er war hervorragend. Nur hatte der Hauptdarsteller ein anderes Drehbuch." Nach einer Weile hörte sie wieder Kerstins Stimme.

„Bevor du deine Wohnung unter Wasser setzt, hol dir ein Taschentuch und erzähle." Angela nahm die Tischdecke und gehorchte.

„Was du brauchst, sind ein paar trostreiche Arme. Du stehst heute abend um sieben bei mir vor der Tür. Du bekommst eine Riesenportion Spagetti, und dann halte ich dir meine linke und die rechte Backe hin."

„Wieso ist es bei dir so ordentlich?", fragte Angela, als sie abends bei Kerstin ankam. Normalerweise konkurrierte ihre Wohnung mit einem Jahrmarkt, dessen Schausteller abgezogen waren.

„Unwichtig, lass uns reden, bis die Nudeln weich sind. Dieser Plan ist schief gegangen. Es gibt noch andere."

„Nein, du kannst aus einer Liebe kein Schauspiel oder eine Schmierenkommödie machen. In Pauls Augen stand so viel Verachtung. Ich kam mir wie eine Hure vor."

„Bleib mal auf dem Teppich und beantworte mir ein paar Fragen, ohne gleich wieder die Niagara-Fälle zu übertrumpfen. Erstens: Liebst du Paul?"

„U-hu-uh ..."

„Das Wort kenne ich nicht. Hier ein Taschentuch, und dann noch mal!"

„Ja."

„Gut. Zweite Frage: Liebt Paul dich?"

„Jetzt bestimmt nicht mehr, nach deiner schwachsinnigen Idee."

„Gut, zeig es nur der Tante. Dritte Frage: Hattest du an jenem Abend was mit Heiner?"

„Ich?"

„Wer sonst. Es ist also nichts passiert? Nehmen wir den allerdings äußerst unwahrscheinlichen Fall an, Paul stünde jetzt in der Tür und würde dich fragen, ob du dich als Ehefrau auch so ungebührend benehmen würdest, was dann?"

„Ich würde ihn um Verzeihung, vor ihm auf die Knie fallen, und ... Warum hustet du? Bist du erkältet?"

„Dann tue es doch." Kerstin sah merkwürdig verlegen aus.

„Was?"

„Mich um Verzeihung bitten, du schöne Lügnerin."

Angela hatte das Gefühl, als säße sie in einem Fahr-stuhl, dessen Seile gerissen waren.

„P ..., P ... Was machst du denn hier?"

„Seit wann stottert Dornröschen? Willst du deine Antwort nicht wiederholen?"

Angela blickte auf Kerstin, die in das Studium ihrer Fin-gernägel vertieft war, und auf Paul. Tausend kleine Teufel versteckten sich in seinen Augen.

„Ich habe Konfuzius zertrümmert."

„Ich sehe nach den Spagetti", murmelte Kerstin.

„Ich kaufe dir einen neuen."

„Ich will keinen. Ich will nur dich." Das letzte Wort war fast unhörbar. Aber Paul hatte es verstanden.

„Dornröschen wartete hundert Jahre auf ihren Prin-zen. Du noch nicht einmal drei Monate. Dein alter Prinz wollte sicher sein, bevor er sich wieder bindet. Und bei-nahe hätte er den Mut zu dem erweckenden Kuss verlo-ren. Darf ich ihn dir jetzt geben?"

„Freunde, die Nudeln haben mehr Ähnlichkeit mit Ap-felmus."

„Das macht nichts. Wir könnten ja zu ‚Gerard' ..."

„... mit den sagenhaften Tournedos essen gehen."

Angela brach in Gelächter über Kerstins Antwort aus und küsste Pauls Muttermal.

Schriftsteller morden anders

Tommy Lee

Harry war Schriftsteller, und zwar einer ohne Erfolg. Er mühte, rackerte und schrieb sich die Finger wund – und bekam reihenweise seine Manuskripte zurück. Natürlich sagte man ihm auch die Gründe: Die Einleitung sei zu breit, der Spannungsbogen zu flach, der Höhepunkt falsch platziert, und von einem befriedigenden Schluss habe er wohl auch noch nie gehört!

Mit der Zeit glaubte Harry diese kritisierenden Worte, war aber dennoch von seinem schriftstellerischen Talent überzeugt.

Schuld an seiner jämmerlichen Lage war eigentlich Rose. Seine innigst geliebte Rose.

„Innig geliebt!", dachte er höhnisch, während er wieder mal am Schreibtisch saß. „Diesem zänkischen Besen gehen sogar die Nachbarn aus dem Weg."

„Harry, Frühstück ist fertig!", schrie sie eben.

Harry beschloss, Roses gellende Stimme zu überhören, stattdessen tippte er unverdrossen an seiner Kurzgeschichte weiter.

„Harry! Muss ich erst böse werden?"

Es gab kein Entrinnen. Seufzend setzte er sich an den Frühstückstisch.

„Beeil dich, Harry", verlangte Rose kurz darauf. „Wir müssen noch zum Markt, danach bringst du mich zum Arzt, und während ich dort warte, setzt du Kartoffeln auf und putzt den

119

Salat."

„Aber Rose", wagte Harry einzuwerfen. „Und mein Buch?"

„Dafür hast du abends immer noch Zeit."

Natürlich hatte Harry abends keine Zeit, denn Rose wollte unbedingt mit ihm einen spannenden Krimi sehen. So saß er also neben ihr, hielt Händchen und – seine tolle Einleitung wurde wieder ein Flop!

Am nächsten Morgen setzte sich Harry schon Stunden vor dem Frühstück an seinen Schreibtisch. Leider kam ihm zu dieser frühen Stunde so gut wie keine Idee.

Seufzend sah er zum Bücherregal hin. Ein dickes, schwarz gebundenes Buch sprang ihm in die Augen. Harry erhob sich und holte es. „Mal sehen, was Kollege Poe so schreibt", murmelte er und blickte nachdenklich auf den Gruselband nieder.

Irgendein Freund hatte ihm kürzlich erzählt, dass Edgar Allan Poe angeblich ein paar Morde selbst begangen haben soll, nur um wahrheitsgetreuerer schreiben zu können.

Harry kicherte. „Das glaub ich nicht", dachte er. Doch als Rose eine Stunde später „Harry, komm schon!" rief, hatte er eine zündende Idee.

Bereits am Frühstückstisch erarbeitete er sich in Gedanken ein präzises Handlungsgerüst, das er bei nächster Gelegenheit fein säuberlich niederschrieb:

Harry schickt Rose in den Keller – Harry gibt Rose einen Schubs – Rose ist tot – Roses Leiche in die Schlucht am Stadtrand schaffen –

Der Stift flitzte über das Papier – und wirklich, sein Krimi nahm Formen an!

Höhepunkt, schrieb er, *der Kommissar verhaftet Harry, kann ihm aber nichts nachweisen – Harry begegnet einer unbekannten Schönen –*

O ja! Begeisterung übermannte ihn. Liebe musste unbedingt mit rein.

„Harry, Mittagessen!" Roses gellende Stimme schmerzte sein empfindliches Ohr. In Windeseile beendete Harry seinen grob skizzierten Kriminalroman. „So", murmelte er dann zufrieden, „und nun ans Werk."

Rose stellte eben die dampfenden Nudeln auf den Tisch, als Harry mit qualvoll verzogener Miene meinte: „Ich fürchte, Rose, mein Kreislauf ist unpässlich. Ein Schluck Wein könnte sicher nicht schaden."

Rose musterte ihn misstrauisch. „Säufermanieren dulde ich nicht an meinem Tisch", erklärte sie. „Aber, na schön, wenn es unbedingt sein muss, hol dir 'ne Flasche aus dem Keller."

Harry seufzte abgrundtief. „Könntest nicht du –? Meine Knie sind wie Wackelpudding."

Mürrisch erhob sich Rose.

Kaum dass sie die Kellerstufen hinuntertappte, raste Harry an seinen Schreibtisch. Neben dem ersten Punkt: *Harry schickt Rose in den Keller* machte er einen dicken roten Haken. Und nun zu Punkt zwei ...!

Es dauerte nicht lange, bis Rose mit einer Flasche Chianti wieder nach oben schlurfte. Harry lächelte. Und er lächelte erst recht, als er ihr einen kräftigen Stoß versetzte und Rose mit einem entsetzten Aufschrei die Treppen hinunterpurzelte.

Dann kam Punkt drei!

Am späten Nachmittag hatte Harry alles Punkt für Punkt erledigt. Inzwischen lag Rose mit zerschmetterten Gliedern in der Schlucht. Gleich morgen früh würde er sie bei der Polizei als vermisst melden und dort nebenbei erwähnen, dass Rose mit Vorliebe ihre nachmittäglichen Spaziergänge stets außerhalb der Stadt absolvierte.

„Ein schreckliches Unglück", würde es später heißen. Zeugen gab es nämlich keine.

Noch in dieser Nacht begann Harry, an seinem Buch zu schreiben. Natürlich änderte er die Namen. Er war ja nicht dumm!

Ein unglaubliches Glücksgefühl durchströmte ihn nach jeder frisch getippten Seite. Jetzt, da Rose ihn nicht mehr mit Lappalien störte, kam sein schriftstellerisches Talent erst richtig zum Vorschein. Voller Dankbarkeit streifte sein Blick immer wieder Edgar Allan Poes Gruselband, der von nun an einen Ehrenplatz auf seinem Schreibtisch hatte.

Am nächsten Tag, abends, fand man Rose. Harry machte ein leidvolles Gesicht, als Kommissar Zöllner ihm die traurige Nachricht überbrachte.

„Arme Rose", schluchzte er dabei ein ums andere Mal unglücklicher. „Arme, arme Rose."

Und damit war die Sache für Harry erledigt. Was die Polizei sonst noch ermittelte, interessierte ihn wenig. Er hatte sich um Besseres zu kümmern, und er kümmerte sich darum noch viele Monate lang. Doch endlich war sein Werk vollendet, sein Krimi geschrieben und bereit, einem Verlag angeboten zu werden. Harry tat es mit Feuereifer und voller Optimismus. Ein wahrheitsgetreuerer Roman als seiner war sicher noch keinem Lektor vorgelegt worden.

Einen knappen Monat später erhielt Harry einen Brief – ein Verlag hatte geantwortet. Man bat ihn, noch diese Woche im Verlag zu erscheinen, um den Vertrag zu unterzeichnen.

Harry triumphierte.

Pünktlich, in Anzug und mit Krawatte, sprach er schon am nächsten Tag bei Paul Sutter, dem zuständigen Lektor, vor. Paul Sutter, ein junger Mann in saloppen Jeans und T-Shirt gekleidet, begrüßte ihn mit Handschlag.

„Ein interessantes Buch", lobte er, „um nicht zu sagen aufschlussreich."

„Ja, nicht wahr?", strahlte Harry.

Eine halbe Stunde später setzte er seine Unterschrift unter den Vertrag.

„Übrigens", meinte Paul Sutter hernach, „hier ist noch jemand, der Sie gerne sprechen möchte."

Harry wandte den Kopf. Kommissar Zöllner trat ein. „Ich verhafte Sie hiermit wegen Mordes an Ihrer Ehefrau Rose."

Entgeistert starrte Harry den Kommissar an. „Wieso? Ich verstehe nicht ..."

„Wussten Sie denn nicht, dass das Handlungsgerüst beim Autor bleibt?", fragte Paul Sutter. „Oder haben Sie es versehentlich mitgeschickt?"

„Ein schriftliches Geständnis sozusagen", grinste Zöllner.

Während Harry deprimiert auf die Handschellen starrte, dachte er: „Und wie war das nun bei Edgar Allan Poe? Ach, zum Teufel damit! Man soll eben nie auf andere Leute hören und schon gar nicht auf Kollegen, die schon seit über hundertfünfzig Jahren tot sind."

Harrys Buch wurde dennoch ein echter Reißer.

Geliebter Träumer

Lisa Reisenberg

*W*ieder einmal war Michael mit seinen Gedanken weit weg. Nicht mal Andreas munterer Redeschwall konnte ihn wachrütteln. Still seufzte sie in sich hinein und sah Michael nachdenklich dabei zu, wie er sein Frühstücksei fast kaputt-klopfte. Sie ahnte, wo er wieder mal mit seinen Gedanken steckte: Bei Linda, einer blonden Schönheit, die in jedem Mann unwillkürlich den Beschützerinstinkt weckte.

„Langsam reicht's mir", dachte Andrea missmutig, wusste aber ganz genau, dass sie mit Linda niemals würde konkurrieren können. Was nun? Unbeirrbar nahm sie ihren Monolog wieder auf.

„Als mir Tanja die Wahrheit erzählt hatte, ging mir endlich ein Licht auf ...", fuhr sie fort, über Tanjas derzeitigen Bürostress zu erzählen.

Michael nickte. „... ging mir endlich ein Licht auf", wiederholte er und starrte noch immer gebannt auf die weiße Wand hinter Andrea. „Wenn nicht Sandner, sondern Detter ein Licht aufginge, nähme die Handlung praktisch einen ganz anderen Verlauf. Sandner wär der Bösewicht, während Detter ..."

„Ach, Schatz, wann geht dir nur endlich ein Licht auf?", dachte Andrea, ließ aber das leise Gefühl von Resignation gar nicht erst in sich aufkommen. Michael und Andrea waren noch nicht mal drei Jahre verheiratet, und schon vernachlässigte er sie sträflichst. Zurzeit ganz besonders, denn Michael war Hörspielautor und arbeitete gerade an einem aufregenden Psychokrimi.

Traurig, aber wahr, die schärfste Konkurrenz in der Gunst ihres Mannes waren seine Roman- und Hörspielhelden. Mit ihnen schien Michael mehr verheiratet zu sein als mit ihr. Vor allem Linda, seiner Lieblingsfigur und der Geliebten des Heldens, schenkte er die meiste Aufmerksamkeit.

„Michael, könnten wir nicht mal wieder irgendwo schick essen gehen?", fragte Andrea in die Stille hinein. „Oder ins Kino?"

Nicht zu fassen, endlich „wachte" Michael auf, zog aber sofort ein bedauerndes Gesicht. „Und Linda? Du weißt doch, dass sie böse in der Klemme steckt."

„Jaja", winkte Andrea genervt ab. „Vielleicht verschaffst du ihr endlich mal einen Mann!"

Andrea überlegte, grübelte, dachte nach ... zwei Tage lang. Dann traf sie sich mit Tanja. Vielleicht wusste die ja Rat.

„Ich schätze, das wirst du dir nicht länger mehr bieten lassen können", meinte die Freundin mitleidig und sagte ihr damit überhaupt nichts Neues. Im Gegenteil! Andrea war schon lange wild entschlossen, die beginnenden Rostspuren ihrer Ehe wegzuschrubben, bevor sie tieferen Schaden anrichteten. Nur wie? Die Chancen standen grundsätzlich gut, denn im Gegensatz zu Michaels Romanfiguren war sie real und alles an ihr echt. Nur, wie ihm das begreiflich machen?

Plötzlich hatte Andrea eine Idee – eine winzige, aberwitzige Idee, so verrückt, dass sie an einen Erfolg gar nicht recht glauben wollte. Trotzdem oder gerade deshalb wollte sie es versuchen. Sie spürte, wie der reine Übermut über ihr zusammenschlug. Hätte Michael sie bloß in diesem Moment gesehen, so, wie sie mit funkelnden Augen neben Tanja saß! Doch der hockte beim Fundfunksender und kümmerte sich rührend um seine heiß geliebte Linda, deren Leben noch immer am seidenen Faden hing.

Tanja runzelte die Stirn. „Wüsste ich nur, wie ich dir helfen kann", überlegte sie laut. „Na ja, kommt Zeit, kommt Rat."

Die Zeit kam – und mit ihr Nico Reiser, ein Charmeur, wie er im Buche stand. Andrea schmunzelte. Ja, Nico war geradezu ideal.

„Reiser? Reiser?", wiederholte Michael nachdenklich, als Andrea ihm schon bald darauf ungeniert von ihm erzählte. „Kennen wir den?"

Betont gleichgültig zuckte sie die Schultern. „Wir? Also ich kenne ihn jedenfalls sehr gut. Und ich finde ihn total nett. Sein Charme hat was, verstehst du?"

Irritiert sah Michael von seiner Arbeit hoch. Zum ersten Mal nach Wochen bemerkte Andrea wieder so etwas wie Interesse in seinen Augen. Glücklich darüber, strahlte sie ihn an.

„Du ... du siehst heute so ganz anders aus", stellte Michael, inzwischen noch irritierter, fest. Andreas schlanke Figur steckte in einem raffiniert geschnittenen Abendkleid. „Und deine Stimme ... merkwürdig."

„Tja, sie klingt, als sei ich verliebt, stimmt's, mein Schatz?", dachte sie amüsiert.

„Gehst du aus?"

Andrea setzte ein fröhliches Lachen auf. „Du hast doch nichts dagegen, oder? Ich brauch dringend mal Tapetenwechsel. Nur schade, dass du nicht mitkommen kannst. Linda steckt ja in ungeheuerer Gefahr." Unbekümmert zwinkerte sie ihm zu. „Aber keine Sorge, Nico und ich werden uns auch ohne dich großartig amüsieren." Rasch beugte sich Andrea zu Michael hinab. Ihre Lippen streiften seinen Mund nur flüchtig. „Bitte, warte nicht auf mich, Liebling, es wird sicher spät."

Sekunden später war Michael allein. Allein mit sich, Linda – und Nico Reiser. Allein auch mit der Frage, wer jener

Nico war, und woher er ihn kannte ...

Andrea wusste, dass es eine ganze Weile dauern würde, bis er sich an dieses windige Bürschchen erinnerte, das reihenweise Frauenherzen brach. Und dann der Schock: Ausgerechnet sie ging mit ihm aus!

Mit einem leisen Lachen auf den Lippen lief sie durchs Treppenhaus, spazierte zu ihrem Wagen und fuhr Richtung Theater. Ein wunderschöner, anregender Abend lag vor ihr, den sie in vollen Zügen genießen wollte. Nun war Michael an der Reihe, zu schwitzen und zu schmoren. Andrea hatte die Rollen vertauscht ...

Im Theaterfoyer musste sie noch eine Weile warten. Also holte sie sich ein Glas Sekt und versuchte, sich ihren vor sich hingrübelnden Michael an seinem Schreibtisch vorzustellen. Er liebte und brauchte sie, in den Stunden der Einsamkeit würde es ihm endlich wieder bewusst werden.

Und Linda? Bis morgen früh musste er eine Lösung für sie parat haben. Vor ihrem inneren Auge sah Andrea Michael, wie er sich über das Manuskript beugte, um zu arbeiten. Eine Minute? Zwei? Spätestens dann würde ihm Nico wieder einfallen, er würde Lindas Probleme vergessen und über seine eigenen nachdenken – und zwar gründlich. Tja, und nichts anderes hatte Andrea eigentlich gewollt. Und auch sie selbst würde nachdenken – mindestens genauso gründlich ...

Gegen Mitternacht kam sie wieder nach Hause, entspannt, glücklich, wieder mit sich selbst total im Reinen.

Natürlich wartete Michael auf sie. „Ich verbiete dir, nochmals mit Nico auszugehen!", kam er sofort temperamentvoll auf den Punkt. „Dieser Casanova ..." Er stockte plötzlich, seine Schultern sanken deprimiert herab. „Andrea, ohne dich ..."

„Ohne mich steckst du ziemlich in der Patsche, was?", vervollständigte sie den Satz und fand, dass die Qual nun ein Ende haben musste. Schnell kramte sie ein Manuskript aus Michaels Schreibtisch hervor. „Nico Reiser schafft sie alle!", las sie den Titel vor. „Kennst du deine eigenen Romanfiguren nicht mehr?" Vor einigen Jahren hatte Michael diesen pfiffigen Detektiv ins Leben gerufen.

Ein Aufatmen ging durch Michaels Körper. Da begriff Andrea, dass immer nur sie in Michaels Leben an erster Stelle stehen würde. Wohl gemerkt, nach Linda, Evelyn, Sonja oder wie sie alle hießen und heißen würden.

Waage

24. 09. – 23. 10.

Hallo, ich bin die Partyhilfe!

Jan Henning

Gerald sah zum wiederholten Mal auf die Uhr. Seine Nervosität wuchs von Minute zu Minute. „Fünf Uhr!", stöhnte er. „Gott, wie die Zeit doch rast!"

Noch nie war ein Nachmittag so erschreckend schnell verstrichen wie dieser. Und ausgerechnet heute ging aber auch wirklich alles schief.

„Ireeeene!", brüllte er von der Küche ins Badezimmer. „Wie lange dauert das denn noch? Kannst du nicht endlich diesen blöden Braten ins Rohr stecken? Oder soll ich ihn Direktor Hoffmann roh in den Mund schieben?"

Die Badezimmertür klappte. Sekunden später stand Irene vor ihm. Die linke Kopfhälfte zierte eine Unmenge gelber, grüner und roter Lockenwickler, während rechts, das dunkle, halblange Haar noch klatschnass herabhing.

„Guck doch, wie ich aussehe?", antwortete sie ärgerlich. „Außerdem muss ich noch unter die Trockenhaube, mir die Nägel lackieren, mich schminken, und die Bluse ist auch noch nicht gebügelt."

„Und was ist mit dem Braten?"

„Ins Rohr damit! Wir haben nicht ewig Zeit, Gerald."

Gerald runzelte unwillig die Stirn. „Und wer deckt den Tisch?"

„Du!"

„Aber ich sollte mich doch nur um die Drinks kümmern.

Und nebenbei bemerkt: Vielleicht siehst du mich mal genauer an."

Irene tat ihm den Gefallen. Gerald trug einen grünen, verschossenen Bademantel, der ihm bis zu den Knien reichte. Sein blondes, strubbeliges Haar war noch feucht vom Duschen.

Irene schüttelte missbilligend den Kopf. „So kannst du dich unmöglich vor Direktor Hoffmann blicken lassen, Gerald."

„Das hatte ich eigentlich auch nicht vor."

„Dann spute dich, mein Schatz. Bis acht Uhr sind es nur noch drei lächerliche Stunden. Hopp, hopp! Steh gefälligst nicht so faul herum." Irene marschierte ins Badezimmer zurück.

„Irene!", versuchte er es noch einmal, doch Gerald hörte nur noch eine Tür ins Schloss fallen. „Und was soll nun aus dem Baten werden?" Kochen war nun mal nicht seine besondere Stärke.

So ein Pech aber auch, dass ihn seine Schwester Renate ausgerechnet heute im Stich ließ. Dabei war sie die Anstifterin zu diesem Abendessen gewesen.

Vor knapp zwei Wochen war Gerald zum Ressortleiter befördert worden. Und Renate, überschwenglich wie sie nun mal war, hatte auf diese frohe Nachricht hin gemeint: „Natürlich musst du deinen Chef nebst Gattin so bald wie möglich zu einem wahrhaft feudalen Abendessen einladen. Der gute Hoffmann soll ruhig sehen, was sein Ressortleiter privat auf dem Kasten hat."

Gerald hatte gezögert, dann aber doch eingewilligt. Renate schwatzte einfach jeden breit.

„Ich kümmere mich um das Essen", hatte sie mit treuem Augenaufschlag versprochen. „Du dich um die Getränke und Irene – na ja, sie ist hübsch, das dürfte genügen."

Und wo war seine Schwester jetzt? Überall, nur nicht in seiner Küche.

Gerald lief zum Telefon. So leicht sollte sie nicht davonkommen. „Na, der werde ich die Meinung geigen!", dachte er und ließ es hartnäckig läuten. Mindestens fünf Minuten lang. Fünf kostbare Minuten, in denen er bereits den Tisch hätte decken können. Manchmal machte eine raffiniert dekorierte Tafel den rohen Braten wieder wett.

Verzweifelt sah Gerald auf die Uhr. Zwanzig nach fünf. Meine Güte!

In diesem Moment klingelte es an der Tür. „Dem Himmel sei Dank!", flüsterte er inbrünstig. Renate war endlich da.

Irene steckte ihren Kopf aus dem Badezimmer. „Gerald, sei so lieb und öffne. Das muss Renate sein."

Unwillig schüttelte er den Kopf. Was glaubte Irene denn? Dass er seine Schwester, die Retterin dieses Abends, draußen stehen lassen würde?

Aber sein frohes Gesicht wurde vor Enttäuschung lang, als er nicht Renate, sondern eine fremde junge Frau vor sich sah.

„Ja, bitte?", fragte er höflich, obwohl es ihn nicht die Spur interessierte, was die Unbekannte wollte.

„Tag", sagte sie mit einer Stimme, die Gerald unter anderen Umständen ausnehmend gut gefallen hätte. „Renate schickt mich. Ich bin Ihre Partyhilfe."

Geralds Miene erhellte sich. Partyhilfe? Das hörte sich fantastisch an. Und so professionell.

„Herein mit Ihnen!", jubelte er und zog die junge Frau hastig in die Wohnung. „Das war allerhöchste Zeit. Ich hab schon das pure Chaos auf mich zukommen sehen. Aber jetzt kann wirklich nichts mehr schief gehen. Dort hinten rechts ist die Küche, das Fleisch liegt im Kühlschrank und der Salat ... Na, Sie werden sich schon zurechtfinden. Mich entschuldigen Sie bitte, ich hab noch 'ne Menge zu tun." Gerald verschwand im Schlafzimmer.

Etwa zwanzig Minuten später – er streifte sich gerade den letzten Socken über den Fuß – gellte es durch die Wohnung. „Geeeerald!"

Erschrocken hob er den Kopf. Himmel, war das nicht Irene? Welches Drama hatte sich nun wieder hinter seinem Rücken zusammengebraut?

„Ja, Liebling, ich komme", rief er und eilte sofort ins Bad. Aber dort war Irene nicht mehr, sie steckte in der Küche. Ihr Gesicht war mehr als grimmig.

„Wer ist das?", fragte sie argwöhnisch, kaum dass er in der Türe stand.

„Wer, mein Schatz?"

„Sie meint mich", erklärte die Fremde, während sie mit flinken Fingern den Salat zerpflückte. Der Braten war bereits im Rohr.

„Ach, das ist eine Freundin von Renate. Sie sind doch eine Freundin?"

„Ja."

„Sie ist unsere Partyhilfe und heißt ..." Fragend sah Gerald die junge Frau an.

„Romy."

„Da hörst du's, mein Schatz. Sie heißt Romy. Und jetzt, wo diese unwichtige Kleinigkeit geklärt ist, können wir uns ernsteren Dingen zuwenden", meinte er und zählte rasch auf: „Der Tisch ist noch ungedeckt, die Drinks noch nicht gemixt, und du, Irene ..." Missbilligend musterte er sie. „Wie lange willst du eigentlich noch mit diesen Stäbchen im Haar herumrennen?"

Irene verzog ihren Mund. Die Augen funkelten. „Nichts ist geklärt", zischte sie, „gar nichts. Ich muss dringend mit dir reden." Mit hocherhobenem Kopf stolzierte sie hinaus.

Befremdet folgte Gerald ihr. Irene hatte wirklich Nerven! Direktor Hoffman stand praktisch schon so gut wie vor der Tür, und sie hatte ausgerechnet jetzt nichts anderes als einen langatmigen Streit im Sinn.

Irene wartete im Wohnzimmer. „Hast du dir diese Romy schon mal genauer angesehen?", kam sie sofort auf den

Punkt.

„Flüchtig", wich Gerald aus. In Wahrheit hatte er auf den ersten Blick die ausgesuchte Schönheit in Romy erkannt. Tatsächlich hätte sie jederzeit in den Ateliers manch eines Starfotografen ein- und ausgehen können. Romy besaß eine aufregend schlanke Figur, herrliches rotblondes Haar, tiefblaue Augen und einen sinnlich geschwungenen Mund.

„Für eine Partyhilfe ist sie doch wohl etwas zu hübsch", sagte Irene prompt.

Gerald seufzte. „Immer wieder derselbe Mist!", dachte er. Irene war eifersüchtig, und zwar auf buchstäblich jedes weibliche Wesen, das sich in Geralds Nähe wagte.

„Egal", antwortete er barsch. „Wir brauchen Romy. Erinnere dich, dass Direktor Hoffman demnächst hier auftauchen wird." Damit drehte er sich um und ließ Irene schmollend zurück. Ein Streit mit ihr? Das fehlte noch! Wie er aus Erfahrung wusste, konnte so was Stunden dauern.

Eigentlich hatte Gerald vorgehabt, sein Haar trocken zu föhnen, doch wie unter Zwang zog es ihn zu Romy. „Kann ich Ihnen helfen?", fragte er. „Zwiebeln schneiden? Kräuter hacken?"

„Nein, danke", lehnte sie lächelnd ab. „Schon erledigt."

Gerald schnupperte genießerisch. „Der Braten duftet ja herrlich! War bestimmt 'ne Mordsarbeit."

„I wo", lachte Romy und warf dabei den Kopf so übermütig in den Nacken, dass Gerald ganz warm ums Herz wurde. „Nur ein, zwei Gewürze drauf, dann ab in den Ofen und fertig!"

„Wenn das nicht fix ist!", dachte Gerald bewundernd. „Die Kleine kann ja hexen!" Bei nächster Gelegenheit musste er Renate für den grandiosen Einfall danken.

Er wies auf die Schüssel voll Salat. „Wenn das so lecker schmeckt, wie es aussieht ..."

„Tut es. Der Salat war noch das leichteste Kunststück: nur klein schneiden, ein leichtes Dressing drüber, fertig!"

„Komisch", dachte Gerald nun plötzlich wieder nervös. „Kochen ist für mich jedemal 'ne Heidenarbeit. Für Romy dagegen ... Irgendwo ist da sicher ein dicker Haken."

„Und der Nachtisch erst", hörte er sie munter sagen. „Ruck–zuck und ..."

„Schon gut", winkte Gerald ab. Warum war ihm jetzt so unglaublich mulmig zu Mute?

Eilig verließ er die Küche, schnappte sich das Handy und verschwand damit im Bald.

„Renate", murmelte er und wählte, „wenn du jetzt nicht rangehst ...!"

Diesmal meldete sich seine Schwester sofort

Gerald atmete auf. „Hallo, Renate, ich bin's", flüsterte er. „Deine Freundin, diese Romy, ist da. Nur eine klitzekleine Frage: Kann sie kochen?" Gespannt hielt er den Atem an. Doch auch das nutzte nichts, Renate versetzte ihm den Todesstoß.

„Keine Ahnung", lachte sie ihm ins Ohr.

„Aber du schickst sie als Partyhilfe zu mir! Gut gemacht, Renate. Sehr, sehr gut gemacht. Ich sehe Direktor Hoffmann schon vor mir. Der Braten wird ihm im Hals stecken bleiben, und spätestens beim Dessert wird er panikartig die Flucht ergreifen. Vorausgesetzt, die Suppe hat ihn nicht schon vorher umgebracht. Oh, Renate, ich könnte dich glatt erwürgen."

„Musst du immer ein solches Drama machen, Gerald?", tadelte sie sanft. „Leider kenne ich Romy erst seit ein paar Wochen. Nach ihren Kochkünsten hab' ich sie natürlich noch nicht gefragt. Aber keine Sorge, jede Frau kann irgendwie kochen."

„,Irgendwie' reicht aber heute nicht. Versteh doch! Direktor Hoffmann ..."

„Ach was, allein der Wille zählt."

Von da an gab Gerald es auf. Er ließ Renate einfach reden. Gerade erzählte sie ihm begeistert, dass sie Romy im Supermarkt kennen gelernt hatte. Gerald wurde blass, als er erfuhr, wo im Supermarkt genau.

„Bei den Fertiggerichten?", wiederholte er und hoffte inständig, sich verhört zu haben.

„Romy ist doch nett, oder? Und so süß."

„Bist du noch ganz bei Trost?!" Wütend trennte Gerald die Verbindung.

Trübsinnig starrte er vor sich hin. „Wieso bekomme ich eigentlich keinen Nervenzusammenbruch?", fragte er sich ernsthaft. „Im Wohnzimmer hockt Irene bebend vor Eifersucht, in der Küche hantiert das bezauberndste Mädchen, das mir je begegnet ist, aber von Kochen nicht den leisesten Schimmer hat, und das alles um –" Er warf einen Blick auf seine Armbanduhr. „– um halb acht Uhr."

Gerald wunderte sich wirklich. „Wahrscheinlich bekomme ich meinen Nervenzusammenbruch erst vor Direktor Hoffmann", überlegte er. „Damit er hautnah erleben kann, was sein Ressortleiter sonst noch auf dem Kasten hat." Seufzend erhob er sich.

Irene schmollte noch immer. Kurz vor acht Uhr fragte sie dann: „Wann schickst du diese Romy endlich nach Hause? Das Essen ist längst fertig."

„Ach, Irene", stöhnte Gerald und ließ sich erschöpft in einen Sessel fallen.

„Das sieht dir wieder ähnlich", zischelte sie. „Du lehnst dich bequem zurück, während an mir die ganze Arbeit hängen bleibt. Hätte ich bloß auf Nico gehört. Ich würde es bitter bereuen, sagte er damals, als ich ihn deinetwegen verließ. Wie Recht er doch hatte."

Romy stellte den Braten auf den Tisch. Irene warf ihr einen giftigen Blick zu.

„Wo bleibt denn nun dein blöder Chef?", fragte Irene eine halbe Stunde später. „Der Braten sieht aus, als ob ihm kalt geworden sei, und der Salat schwimmt labberig in der Soße."

Gerald zuckte die Schultern. Es war ihm selbst ein Rätsel. Direktor Hoffman war normalerweise die Pünktlichkeit in Person.

„Bist du auch wirklich sicher, dass er heute kommen soll und nicht erst morgen?", fragte Irene. „In dem Punkt hast du dir ja schon manches Meisterstück geleistet."

Gerald war gekränkt. „Na, hör mal!" Trotzdem sah er in seinem Terminkalender nach. „Hier steht's. Samstag ..."

„... in einer Woche", vervollständigte Romy den Satz. Sie stand neben ihm und hatte einen Blick auf das Datum geworfen.

Irene ballte die Fäuste. „Das ist zuviel, Gerald!", stieß sie hervor. „Mach dir deinen Kram in Zukunft allein. Ich ziehe aus, und zwar auf der Stelle."

Als die Wohnungstür kurz darauf ins Schloss krachte, zuckte Gerald zusammen. Doch dann begann er sich zu entspannen.

Dass Irene sich so Knall auf Fall von ihm getrennt hatte, tat Gerald gar nicht mal so Leid. Genauer betrachtet, hatten sie ohnehin nie richtig zusammengepasst. Für seinen Geschmack war sie viel zu hektisch. Vielleicht würde jetzt wieder etwas Ruhe in seine vier Wände einkehren.

„Wollen Sie nicht mal den Braten probieren?", riss ihn Romy aus seinen Gedanken heraus. „Schmeckt wirklich prima."

Er lächelte. „Um ehrlich zu sein, ich dachte, Sie seien auf Fertiggerichte spezialisiert."

Romy brauchte eine ganze Weile, bis sie seine Worte begriff. „Ach so", meinte sie dann. Ihr Mund verzog sich spöttisch. „Sie befürchten, ich hätte alles verdorben? Wissen Sie was? Ihre Freundin hat Recht: Sie sind ein Blödmann!" Ihre schönen blauen Augen funkelten so enttäuscht, dass Geralds Herz schmerzhaft gegen die Rippen klopfte.

„Entschuldigen Sie", bat er zerknirscht. „Ich hab's nicht so gemeint." Behutsam griff er nach Romys Hand.

Sie entriss sie ihm hastig, drehte sich um und lief aus der

Wohnung.

Gerald fühlte sich jämmerlich. Deprimiert griff er nach einer Gabel und begann zu essen. „Ich Idiot!", murmelte er nach einer Weile. Romys Gericht schmeckte vorzüglich.

Am nächsten Vormittag holte Irene, zusammen mit Nico, ihre restlichen Sachen ab. Gerald hielt sie nicht zurück. Im Gegenteil wünschte er den beiden sogar alles Gute. Der ganze Zauber dauerte nicht mal eine volle Stunde, dann war Gerald endlich wieder allein. Auf diesen Moment hatte er gewartet. Er griff zum Telefon und wählte die Nummer seiner Schwester.

Während der vergangenen Nacht hatte Gerald ununterbrochen an Romy gedacht. Er wollte sich unbedingt bei ihr entschuldigen. Romy durfte ihn auf gar keinen Fall so in Erinnerung behalten.

„Renate?", fragte er, kaum dass sie sich gemeldet hatte. „Sei so lieb und gib mir Romys Adresse. Ich muss dringend mit ihr reden."

„Tut mir Leid, Gerald", weigerte sich Renate. Ihre Stimme klang kühl. „Romy hat mir das streng untersagt. Und mit Recht, mein Lieber. Das Drama des gestrigen Abends ist mir inzwischen bekannt. Gerald, manchmal benimmst du dich wirklich zu dämlich!"

Er seufzte. „Könntest du ihr sagen, wie schrecklich Leid mir das Ganze tut, und dass ich auf ihren Anruf warte. Tust du das?"

„Okay, aber mach dir keine Hoffnungen."

Gerald wartete die ganze Woche. Sehnsüchtig glitt sein Blick immer wieder zum Telefon hin. Aber Romy meldete sich nicht.

„Dass ich sie nicht wiedersehen soll, macht mich rasend!", gestand er Renate. Denn dass er sich vom ersten Augenblick an in Romy verliebt hatte, war ihm inzwischen klar.

Renate tröstete ihn, so gut sie konnte. Alles andere lag allein bei Romy.

Samstag Mittag klingelte es überraschend an Geralds Tür. Als er öffnete, konnte er es zuerst gar nicht fassen: Romy stand vor ihm! Sein Herz machte einen kleinen Freudensprung.

„Renate schickt mich", erklärte sie und lächelte dabei so verführerisch, dass Gerald sie am liebsten in den Arm gezogen hätte. „Soweit ich mich erinnere, hast du Direktor Hoffmann und seine Frau zum Abendessen eingeladen. Kann ich dir helfen? Außerdem sollst du deine Chance haben, Gerald."

Dass sein Chef kommen sollte, hatte er diesmal natürlich vergessen. Nichts war eingekauft, nichts vorbereitet. Aber darum würde er sich später kümmern. Jetzt zog er erst mal Romy in den Arm und küsste sie ausgiebig.

Rendezvous im Regen

Patricia Lester

Angefangen hatte alles im Regen mit der Frage:
„Na, kann ich Ihnen helfen?"

Manchmal meinte Uta, immer noch diese tiefe und so beruhigend wirkende Stimme zu hören, wenn sie, wie jetzt, ihren schlafenden Mann betrachtete. Drei Jahre war es her. Als Ernst aus dem Haus ausgezogen war, die Kinder unter der Trennung litten, sie selbst sich so verloren, hilflos vorgekommen war, aber auch Schuldgefühle hatte, weil sie die Ehe beendet hatte, da wollte sie Lilly und Peter einfach eine Freude bereiten, eine Art Wiedergutmachung. So war sie losgefahren ...

Eine absolut schwachsinnige Idee, sich bei diesem Wetter ins Auto zu setzen, hatte sie gedacht, als ihr klappriges Auto auf der einsamen Landstraße von Windböen geschüttelt wurde. Sie hielt das Lenkrad fest und sah auf den Beifahrersitz. Dort lag die Überraschung für die Kinder, ein trostloses und zitterndes Bündel, das einmal ein bildhübscher Hund zu werden versprach.

„Die Amerikaner haben einen passenden Namen für solche Mischlinge", hatte die Pflegerin im Tierheim gesagt und dem Knäuel mit den weißen Barthaaren über den Kopf gestreichelt. „Sie nennen sie ,Heintz fifty seven', weil es diese rote Pampe, die jedem Essen den Geschmack raubt, wenn Sie mich fragen, in siebenundfünfzig Sorten gibt."

Als Utas Wagen sich auf einer geraden Strecke wieder ruhig verhielt, grinste sie.

„He, Ketschup, wie gefällt dir das?"

Der Hund zuckte einmal mit seinem gekringelten Schwanz und zitterte weiter. Die Kinder würden entzückt sein, vor allem Lilly. Außer zu Schokoladeneis konnte sie zu jedem Essen Ketschup nehmen. Utas Laune hob sich, der Regen ließ nach, und auch die Sicht wurde besser. Ihre Hochstimmung währte genau bis zur nächsten Kurve. Ein äußerst merkwürdiges, quietschendes Geräusch drang in das Wageninnere, dann ein Klopfen, ein gelbes und ein rotes Licht leuchteten am Armaturenbrett auf, ein Spotzen und Huckeln folgten, dann war es still. Uta lenkte das Auto an den Straßenrand und drehte den Zündschlüssel. Sie probierte es erneut. Höhnisches Schweigen antwortete ihr. Gerade als sie aus dem Wagen stieg, fing es wieder zu schütten an. Sie hatte noch nicht einmal einen Schirm. Lichter näherten sich, und Uta hob zaghaft die Hand, als ein dunkler Wagen mit unverminderter Geschwindigkeit an ihr vorbeibrauste und sie bis zu den Knien bespritzt wurde.

„Mistkerl", schrie sie und schickte ihm mit ausgestrecktem Finger noch einen Fluch hinterher. Dann tauchten wieder Lichter auf, und dieses Mal stellte sie sich mitten auf die Fahrbahn und machte das Tramperzeichen. Ein VW-Bus, der dem Aussehen nach der Großvater ihres eigenen Autos hätte sein können, hielt ein paar Meter vor ihr, und eine große Gestalt stieg aus.

„Na, kann ich Ihnen helfen?"

„Mein Wagen, er ist nicht mehr der Jüngste, wissen Sie. Und plötzlich da war ein Geräusch, und dann ..." Uta stockte. Als Radiomoderatorin sollte sie sich besser ausdrücken können. Aber ihre Nerven waren im Augenblick nicht die Besten. Außerdem war sie immer noch wütend, und ihre Beine waren klatschnass.

„Am Sprit liegt es nicht?"

„Ich habe meinen Führerschein vor zwanzig Jahren gemacht." Auf so eine Frage hatte sie gerade noch gewartet.

„Tut mir Leid, aber das erspart mir eine Menge Sucherei. Dann wollen wir mal sehen", sagte der Fremde und beugte sich unter die Motorhaube. „Holen Sie mal den Werkzeugkasten, bitte." Die Worte klangen ein wenig dumpf.

„Äh, ich ..." Uta ging zum Kofferraum, als eine Art „Boing" ertönte, gefolgt von Lauten, die sich wie „Kruscheimmerda ..." anhörten.

„Haben Sie sich wehgetan? Ich glaube, ich habe kein Werkzeug im Auto."

„Leichte Schläge auf den Hinterkopf steigern die Denkfähigkeit. Ich vergesse immer wieder meine Größe", knurrte der Fremde und kehrte mit einem Werkzeugkasten aus seinem Auto zurück. „Ich fürchte, da ist nichts zu machen. Scheint mir der Verteiler zu sein. Ich kann ihn reparieren. Aber nicht mehr heute Abend. Entweder nehme ich Sie ins Schlepptau oder hole Sie morgen ab und kümmere ich mich dann um das Auto, was bei diesem Wetter vernünftiger wäre."

„Würden Sie das tun?" Beide trieften in dem heftigen Regen. „Aber da ist Ketschup."

„Wie bitte, wo?"

„Ich meine, Ketschup ist im Auto, und er ist mein Hund."

Als sie im Auto saßen, Uta mit dem Hundekorb auf ihrem Schoß, warf sie einen Blick auf ihren „Engel der Landstraße". Sie sah eine Lederjacke, die sicherlich schon Generationen getragen hatten, einen dunkelroten Schal, einen Drei-Tage-Bart und eine leicht gewölbte Nase.

„Wissen Sie, der Hund sollte eine Überraschung sein."

„Für Ihren Mann?"

„O Gott nein, für meine Kinder." Uta ärgerte sich, dass sie immer noch ihren Ehering trug. Die Hände, die das Lenkrad hielten, waren unberingt, feingliedrig und schmal, fast wie die eines Chirurgen oder Klavierspielers.

„Gut, morgen um elf bin ich da. Entschuldigen Sie, ich heiße Lionel." Ein kurzer Händedruck folgte.

„Ich Uta. Danke." Sie packte den Korb mit Ketchup und rannte durch den immer noch strömenden Regen ins Haus.

Am nächsten Morgen wachte sie aus einem wirren Traum auf und sah, dass es bereits halb elf war. Sonntags um diese Tageszeit hatte sie noch nie Hektik vertragen können. So ging auch alles schief. Zuerst befreite sie den Hund aus dem Gästeklo, weil ein derart junges Tier sicher noch nicht stubenrein war. In der Küche fiel ihr die Kaffeedose aus der Hand, und als sie dann mit dem Besen den Schaden beheben wollte, klammerte sich Ketschup an den Borsten fest und fand das Spielzeug toll. Es läutete Punkt elf, gerade als Uta einen Jogginganzug angezogen, sich die Haare mit einem Gummiband zu einem Pferdeschwanz zusammengebunden und ihrem Spiegelbild eine Grimasse zugeworfen hatte.

„Lady, du siehst heute einfach umwerfend aus", murmelte sie und ließ die Bürste fallen, als sie das Klingeln hörte. Aber sie fiel wenigstens nicht die Treppe hinunter.

Lionel trug dieselbe Jacke wie gestern. Die Bartstoppeln wucherten noch ein wenig mehr, und in seinem Gesicht, das sie zum ersten Mal bei Tageslicht sah, saß ein Lächeln, das Uta verwirrte.

„Wenn Sie noch einen Anorak haben, dann sind Sie für das scheußliche Wetter genau richtig angezogen." Lionels Stimme klang genauso beruhigend wie am Abend zuvor.

Die Reparatur schien eine Kleinigkeit zu sein.

„So, jetzt können wir den Motor starten. Aber dazu sollten Sie den Zündschlüssel ins Schloß stecken und ihn umdrehen."

Uta wurde aus Lionel nicht schlau. Sollte sie jetzt wütend sein oder einfach nur lachen?

Das Auto sprang an, und Lionel rieb sich zufrieden, aber zitternd vor Kälte die ölverschmierten Hände.

„Für diese Leistung haben Sie nicht nur eine gründliche Reinigung, sondern auch einen heißen Tee verdient. Wenn

Sie hinter mir herfahren wollen?"

„Ich will. Aber muß ich den Tee unbedingt pur trinken?"
Und wieder war da ein Lächeln in Lionels Gesicht, das Uta
zu streicheln schien und das sie ein zweites Mal verunsicherte.

Als Uta ins Wohnzimmer ging, lag Lionel in einem Sessel,
die Beine lang ausgestreckt, und Ketschup kuschelte sich
mehr als zufrieden auf seinem Schoß.

„Gut sehen Sie aus, und der Rum enthält genau die richtige Menge Tee. Außerdem haben Sie eine tolle Figur. Vorhin in dem Kartoffelsack mit Anorak war das nicht zu sehen."

Uta errötete und schwieg.

„Ich hole Ihnen noch Tee", murmelte sie und sprang auf.

„Bleiben Sie bitte sitzen. Es ist wohl lange her, dass Ihnen
ein Mann Komplimente gemacht hat? Sind Sie geschieden?
Sie tragen einen Ring, aber gestern ...?"

„Sind Sie verheiratet?" Angriff ist die beste Verteidigung,
dachte Uta und versuchte, Lionels Blick auszuweichen.

„Nicht mehr. Wollen Sie meine Geschichte hören, oder
erzählen Sie mir erst Ihre?"

Uta wollte „Ja" sagen. Dieser Mann drang in ihr Inneres
ein, seine Augen waren Fallstricke, in denen sie gefangen
war. Da läutete es Sturm, und als sie öffnete, stand Ernst mit
den Kindern da, die an Uta vorbeirasten.

„Es tut mir Leid, dass ich zu früh komme, ich muss mich
in einer Stunde mit einem Kollegen treffen. Aber ich habe
den Kindern die Sternwarte im Museum gezeigt und ..."

„Mami, Papi ...." Peters Stimme schrillte im höchsten Diskant. „Da ist ein kleiner Hund. Und ein fremder Mann sitzt im
Sessel."

„Würdest du mich deinem Besuch vorstellen? Und was
ist das für ein Tier?" Ernst sprach die Worte aus, als befände sich ein seltenes Reptil in ihrem Wohnzimmer und nicht
ein quiekendes Bündel von Hund, das die Kinder sich gegenseitig aus den Armen rissen.

„Ich dachte, ein Spielkamerad könnte den beiden gut tun, und als ich aus dem Tierheim kam, da streikte mein Auto ...“ Uta stockte. Wie oft in früheren Jahren, verlor sie den Satz, wenn Ernst sie so ansah, mit dem Blick, mit dem er auch seine Studenten einschüchterte, die sich in einer Klausur blamierten. Sie hatte diese Szenen noch deutlich vor Augen. Meistens waren sie in lang andauernde Auseinandersetzungen ausgeartet, bei denen sie stets den Kürzen gezogen hatte. Und irgendwann hatte sie keine Kraft mehr gehabt, sich gegen Ernst aufzulehnen.

„War nett, Sie kennen gelernt zu haben.“

Sie schrak auf, als Lionel aufstand, unverbindlich mit der rechten Hand in die Richtung wedelte, in der Ernst stand, und zur Tür ging. Im Vorbeigehen streifte seine andere Hand ihre Hüfte. Uta nahm ein kurzes Zwinkern in seinen Augen wahr und hörte ein leises „Bis bald“. Dann war er weg.

„Es tut mir Leid, dich bei einem Rendezvous gestört zu haben. Dann bis in vierzehn Tagen. Bringe die Kinder etwas früher.“ Damit verschwand auch Ernst, und Uta holte tief Luft. Als die Kinder endlich im Bett lagen, es hatte ihrer ganzen mütterlichen Autorität bedurft, ihnen zu erklären, dass Ketschup erst dann in ihre Zimmer dürfe, wenn er stubenrein sei, konnte sie über Lionel nachdenken. Dieser Mann gefiel ihr, und sie wollte ihn wiedersehen. Doch wie? Sie wusste nur seinen Vornamen und sonst gar nichts. Er dagegen kannte den ihren und die Adresse ... Zwei Wochen lang passierte gar nichts. Sie war kreuzunglücklich. Kein Anruf, nur Schweigen von ihrem „Engel der Landstraße“. Vielleicht hatte sie sich sein Interesse nur eingebildet, nicht aber die Hand, die ihre Hüfte gestreift hatte, und seine letzten Worte.

In den vergangenen Jahren hatte Lionel oft gedacht, dass sein Leben seit der Trennung von Aline rettungslos aus den Fugen geraten war. Selbst seiner Wohnung sah man das

Chaos oder das Loch an, das sie mit ihrer Rückkehr nach Amerika hinterlassen hatte. Da ein heller Fleck, wo ein Bild gehangen hatte, eine leere Ecke, in der ihre altenglische Kommode gewesen war. Nur sein Stutzflügel stand unverändert da, wenn auch ohne Vase, in die Aline immer frische Blumen gesteckt hatte. Lionel warf seine Jacke achtlos auf den Boden und setzte sich auf den niedrigen Hocker. Gedankenverloren schlug er einige Akkorde an. Die Urkunden und Auszeichnungen vor ihm an der Wand schienen ihn höhnisch anzustarren. So viele Preise und Wettbewerbe hatte er gewonnen. Da war ein Foto mit ihm als strahlender Sieger in einem Smoking, dessen Ärmel ein wenig zu kurz waren. Vielleicht hatte Aline ihn nur wegen seines Erfolgs geheiratet und ihn nach seinem Absturz verlassen, weil sie nicht auf der Seite der Verlierer stehen wollte. Er hämmerte eine dissonante Tonfolge. Allen Frauen war er ausgewichen, sich in verschiedenen Bars, nachdem seine Wunden verheilt waren, als Pianospieler verdingt und seine Träume vom großen Virtuosen oder Komponisten an den Nagel gehängt. Und gestern abend war ihm Uta über den Weg gelaufen, vom Regen durchnässt, wütend, unglücklich über die Panne. Doch in ihren Augen war etwas gewesen, das ihn nicht zur Ruhe kommen ließ. Selbst in ihren Schlabberhosen, die Haare zum Pferdeschwanz gebunden, hatte sie einfach überwältigend ausgesehen. Aline hatte nie Kinder gewollt, doch Utas Nachwuchs hatte ihm gefallen.

„Alter Knabe, du spinnst." Lionel klappte den Deckel des Klaviers zu. „Mag sein, dass die Lady geschieden ist, aber sie wohnt in einem piekfeinen Haus und hat wahrscheinlich einen Lebensstandard, der Klassen über deinem steht." Jedes Mal, wenn ihm die Decke auf den Kopf fiel oder er sich mit einem Problem herumschlug, führte er Selbstgespräche. „Und dein Motto ist nun mal ‚alles oder nichts'. Und im Augenblick stehst du vor dem Nichts."

Dennoch rief er die Auskunft an und ließ sich Utas Nummer geben. Er legte den Zettel neben das Telefon und sah ihn jeden Tag an. Zwei Wochen tanzten die Zahlen, die er längst auswendig wusste, vor seinem Kopf. Und zwischen ihnen lachten ihn Augen an, die zu einem Gesicht mit einem dunkelbraunen Lockengewirr gehörten. Er zerknüllte das Papier und warf es weg. Am Abend in der Bar wollte er sich mit dem Wirt betrinken. Aber er schaffte es nicht.

„He, Beethoven, du hast heute miserabel gespielt, und dein Bart braucht einen Rasenmäher. Hast du Kummer?" Fred tätschelte ihm auf die Schulter. Er war der Einzige, der Lionel so nennen durfte.

„Hast du endlich eine Frau getroffen, die dich wirklich interessiert?"

„‚Alles oder nichts', ist das Motto." Lionel fragte sich, warum die Kneipenbesitzer dieser Welt immer so verdammt klug waren. Wahrscheinlich, weil sie Abend für Abend einsame oder gescheiterte Gestalten trösten mussten.

„Wie würdest du dir vorkommen, wenn du jahrelang gemütlich auf die Berge des Bayerischen Wald kletterst und plötzlich auf den Mount Everest sollst?"

„Was sollen diese geografischen Ausflüge?"

„Da ist eine Frau, eine tolle, ich hätte sie schon längst anrufen sollen, aber ich war zu feig. Sie ist einfach eine Klasse zu hoch für mich. Sie hat zwei Kinder und einen ganz süßen Ketschup."

„Ich kenne nur scharfen. Und weiter? Entschuldige, das Telefon." Fred drehte sich um, und Lionel verstand die nächsten Worte nicht.

„Du wirst verlangt."

„Wer ist es denn?" Lionel griff zaghaft nach dem Hörer ...

Uta streichelte den Hund, der beinahe stubenrein war, und dachte immer wieder an die Begegnung mit Lionel zurück. Wenn sie mit sich selbst ins Gericht ging: Lionel trug alte Klamotten, schien sich ungern zu rasieren. Er konnte

Autos reparieren, hatte mit ihr geflirtet, wenn auch sehr zaghaft, er hatte schöne Hände und durchdringende Augen, und sie hatte keine Ahnung, wie sie ihn erreichen konnte. Selbst die Kinder hatten in der ersten Woche nach dem „Taxifahrer" gefragt. Es war so lange her, dass sie Gefallen an einem Mann gefunden hatte. Es musste ja nicht gerade etwas Ernstes sein. Ein Treffen in einem gemütlichen Lokal, eine lockere Beziehung, mehr nicht. Sie seufzte und wusste, dass sie sich etwas vormachte. Ernst würde gleich die Kinder zurückbringen, sich über den „überflüssigen", wie er gesagt hatte, Hund aufregen und ihr Aussehen kritisieren, das sie in letzter Zeit etwas vernachlässigt hatte.

„Mami! Paps wollte mit uns nicht ins American King gehen. Wir waren in einem ollen Asterix-Film, den wir schon drei Mal gesehen haben. Und dann sollten wir noch ..." Lilly strahlte die selbstsichere Empörung eines unverstandenen Kindes aus, und Peter lief, ohne ein Wort zu sagen, ins Wohnzimmer und knuddelte Ketschup, der inzwischen schon wie ein richtiger Hund bellen konnte.

Ernst stand steif im Flur und knackte mit den Fingern, ein Geräusch, bei dem Uta Gänsehaut bekam.

„Nun, dann bis zum nächsten Mal." Er machte eine bedeutungsschwere Pause und sagte beiläufig, während er sich umdrehte und die Tür öffnete: „Übrigens, wusstest du, dass dieser Mann, der sich mir noch nicht einmal vorgestellt hat, seinen Lebensunterhalt als Pianist in einem dieser Studentenlokale verdient? Ich sah sein Bild auf einem Plakat in der Mensa."

Er hätte gleich „Penner" sagen können, dachte Uta, aber ihre Knie zitterten. Jetzt hatte sie einen Anhaltspunkt und würde ihn finden.

„Hallo, Retter im Regen, hier ist Uta."
„Sie, aber wie, ich meine ..." Lionel hatte Mühe, den Hörer in der Hand zu halten.

„Ich würde, äh, ich, also ..." Uta stotterte genauso. „Ich", sie holte tief Luft, ihr Herz schlug einen verrückten Trommelwirbel. „Wie lange spielen Sie heute noch? Ich würde gerne kommen. Die Kinder schlafen schon", fügte sie überflüssigerweise hinzu. Es war elf Uhr nachts.

„Für Sie die ganze Nacht." Das hatte er nicht sagen wollen, aber es war ihm einfach herausgerutscht.

„Dann bin ich in einer halben Stunde da."

„Sie kommt." Lionel packte Fred am Arm. „Sie hat mich gefunden. Wie sehe ich aus?"

„Nun mal halblang, so wie immer. Hier, trink noch was. Mit diesem Zittern bringst du noch nicht mal ‚Hänschen klein' zu Stande."

„Gib mir einen Kaffee. Ich muss mich konzentrieren." Lionel setzte sich wieder an das Klavier. In der Kneipe waren nur ein Dutzend Leute, und er bemerkte, dass es Pärchen waren, die sich an den Händen hielten, sich verliebt in die Augen sahen. Und dann wusste er, was er spielen wollte.

Die ersten Akkorde fielen ihm schwer. Doch dann trug ihn die Melodie, anfangs zaghaft, dann immer sicherer, in die Zeit zurück, als er genau diese Komposition angefangen hatte. Er schloss die Augen und ließ sich treiben. Er wachte erst auf, als eine Stimme neben ihm sagte:

„Das ist wunderschön." Es war Uta, und sie lächelte ihn an. Ihr Haar kringelte sich in wirren Locken, sie war ungeschminkt und trug einen dunkelgrünen Pullover über einer schwarzen Lederhose.

„Wie heißt das Stück? Es verrät sehr viel Trauer und Sehnsucht."

„Es ist von einem unbekannten Komponisten." Lionel schloss mit einer wehmütigen Triole. „Setzen wir uns."

„Es ist Ihr Werk?" Uta drehte den Stiel ihres Glases.

„Es hätte meines werden können, wenn nicht ..." Wieder stand Lionel vor der Hürde, die er nicht zu nehmen wagte.

„Damals, an dem Sonntag, bevor mein Ex-Mann kam,

fragten wir uns, wer wem als Erster seine Geschichte erzählt. Warum fangen wir jetzt nicht an?" Uta streckte die Hand aus, zögerte und legte sie flach auf den Tisch. Lionel ergriff sie, seine Finger zeichneten die Linien nach, und dann sprach er.

Fred hatte schon längst die Lichter gelöscht und alle Stühle auf die Tische gestellt und sich mit einem „Bitte, sperrt die Tür ab, wenn ihr geht" verabschiedet, da redeten die beiden noch immer.

„Du hast doch keine Schuld an dem Unfall deiner Mutter. Gut, deine Finger sind nicht mehr so gelenkig wie früher, aber du kannst immer noch fantastisch spielen und komponieren. Deine Frau hat dich verlassen, auch gut oder nicht, aber deswegen musst du dein Leben nicht so einfach in eine unbedeutende Ecke drängen." Uta hielt inne. Sie war zu weit gegangen. Sie hatte diesen Mann nur wiedersehen wollen, weil, ja sie wusste es selbst nicht.

„Frei nach Shakespeare: ‚Alles oder nichts', das ist für mich die Frage." Lionel lächelte schüchtern, und Uta wusste, was sie antworten würde:

„Ich plädiere für alles, falls du zwei ungezogene Quälgeister, einen jungen Hund und eine Radioquasseltante mit Scheidungsmacken magst."

„Und falls du einen lausigen Klavierspieler magst, der sich an ein neues Musical wagen wird, dann ..."

Als Lionels klappriger Bus ein paar Ecken vor Utas Haus mit einem jämmerlichen Keuchen stehen blieb, bekamen beide einen Lachkrampf.

Skorpion

24. 10. — 22. 11.

Gabriel

Lisa Reisenberg

*A*nnette kam nach Hause, setzte sich ins Wohnzimmer und dachte nach. Jeder hätte in ihrer Situation nachgedacht. Jeder! Über die Vergangenheit, Zukunft und über Sinn und Wert des Lebens. Und keiner hätte eine befriedigende Antwort gefunden. Auch Annette blieb ratlos.

Was nun?

Gabriel! Wie ein Hoffnungsschimmer blitzte dieser Name plötzlich in Annettes Gedanken auf. Gabriel! War er die Antwort auf ihre Fragen? Annette wusste es nicht, spürte aber, dass es an der Zeit war, Gabriel aufzusuchen.

„Wo gehst 'n hin, Oma?", fragte der fünfjährige Florian, ein aufgewecktes Kerlchen mit frecher Stupsnase, am nächsten Nachmittag neugierig.

Annette stand in ihrem neuen Kostüm vor dem Garderobenspiegel und frisierte sich nochmals das dichte, schlohweiße Haar. Ein verträumter Ausdruck lag auf ihrem Gesicht. Woran würde Gabriel sie wohl zuerst erkennen? An ihren nussbraunen Augen, die heute noch, genau wie vor vierzig Jahren, unternehmungslustig in die Welt hinausblickten? Oder ...

„Mutter, dein Enkel hat dich was gefragt", hörte Annette ihre Tochter ungeduldig hinter sich sagen.

Annette wandte sich um. „Ich werde Gabriel besuchen", antwortete sie. „Bis zum Abendessen bin ich wieder zurück."

„Gabriel? Wer ist Gabriel? Jemand aus deinem Kegelclub?"

Annette lächelte. Gabriel und kegeln? Niemals! Rad fahren, wandern, Bewegung in freier Natur – schon damals war dies das Wichtigste in seinem Leben gewesen. Daran hatte sich bis heute sicher nichts geändert.

Mit beschwingten Schritten eilte sie kurz darauf zur Bushaltestelle. Gabriels Adresse hatte sie an diesem Morgen von einer jungen Freundin bekommen, die im Einwohnermeldeamt arbeitete.

„Narzissenweg", sagte sie zum Busfahrer.

„Liegt am anderen Ende der Stadt", erklärte er. Es klang gleichgültig und müde. „Einmal umsteigen."

Annette dankte und setzte sich auf den nächsten freien Platz. Narzissenweg. Wie merkwürdig. Sie war knappe neunzehn Jahre jung gewesen, als sie ihren ersten Blumenstrauß verehrt bekam: Narzissen von Gabriel! Was für eine Zeit damals.

Zwei Jahre später, wieder Narzissen von Gabriel. Diesmal zum Abschied. Er hatte sein Geologiestudium begonnen und wollte Deutschland verlassen. Immer, wenn kein Mensch es sehen konnte, weinte Annette.

„Wüsste ich, dass es dir gut geht, wär's leichter", hatte sie bei ihrem letzten Treffen auf dem zugigen Bahnhof zu Gabriel gesagt. Ein kalter Frühlingswind biss ihr in die Wangen.

„Du wirst es immer wissen. Wir sind eins, Annettchen!", hatte Gabriel gelacht.

Und Annette hatte es tatsächlich immer gewusst: Hatte seine Sehnsucht gespürt, hatte gefühlt, ob er krank oder gesund war, ob glücklich oder traurig. War sie deshalb nicht sonderlich überrascht gewesen, als sich herausstellte, dass Gabriel in derselben Stadt wohnte wie sie?

„Junge Menschen nehmen alles so tragisch", dachte Annette wehmütig. „Auch ich damals." Gabriel hatte ihr an allen Ecken und Enden gefehlt. Doch das Leben ging weiter. Und eines Tages war sie mit Paul verheiratet, führte eine gute Ehe, in der sie Carla gebar. Pauls Tod vor sechs Jahren überwand Annette nur langsam. Und nun stand sie selbst an jener Schwelle ...

Annette schreckte hoch. Der Busfahrer rüttelte unsanft an ihrer Schulter. „Sie müssen hier umsteigen!"

Sofort sprang Annette hoch. Einen Moment lang schwankte sie. Plötzlich hatte sie das erschreckende Gefühl, dass sich die Welt um sie herum zu drehen begann. Annette rang nach Luft. „Gabriel!", dachte sie und versuchte, ruhig und regelmäßig durchzuatmen. Der Anfall verschwand.

Dann saß sie in einem anderen Bus und ließ sich von wunderschönen Gedanken davontragen. Ein angenehm schläfriges Gefühl hüllte sie ein, bis ein heftiger Stich ihr die Brust zu zerreißen drohte. Angst erfasste Annette wieder. Angst, dass sie Gabriel nicht mehr sehen würde. Doch der Schmerz war so schnell vorüber, wie er gekommen war. Trotzdem gelang es Annette nicht mehr, sich zu entspannen.

Eine halbe Stunde später stieg Annette erschöpft aus. Nur noch die kleine Gasse entlang, und sie war endlich bei Gabriel.

„Dort kann ich mich ausruhen", sann sie. Seit jener Schmerzattacke sprach sie sich unermüdlich Mut zu, der sie mehr und mehr verlassen wollte. Die Stiche in ihrer Herzgegend nahmen wieder deutlich zu, wurden heftiger, je näher sie Gabriel kam. Tränen stiegen in Annette hoch. Tief in ihrem Inneren spürte sie, dass sie es bis zu Gabriel nicht mehr rechtzeitig schaffen würde. Kein Treffen mit ihm! Keine Antwort auf ihre Fragen! Noch einmal raffte sie ihre ganze Kraft zusammen und schleppte sich verbissen vorwärts.

Dann stand sie vor Gabriels Tür, klingelte und atmete erleichtert auf. Doch nicht Gabriel, sondern eine mollige Frau, nicht viel älter als fünfundvierzig, öffnete. Gabriels Nachbarin, wie Annette erfuhr. Sie hatte sich die vergangenen Jahre aufopfernd um den allein stehenden Rentner gekümmert. „Der arme Herr Bruckner", hörte Annette sie mitleidig sagen. „Jetzt hat er endlich seinen Frieden. Es ging alles so furchtbar schnell. Ein Herzinfarkt."

Annette wurde schlecht. Die Umgebung rückte weit ab, und barmherzige Dunkelheit hüllte sie ein.

Irgendwann glaubte Annette, Carlas besorgtes Gesicht über dem ihren gebeugt zu sehen. Doch nein, es war Gabriel, der vor ihr stand. So lebendig und jung, wie sie ihn immer in Erinnerung gehabt hatte. Er trug denselben abgewetzten Anzug, den er damals im Frühling auf dem Bahnhof getragen hatte. Eine so tiefe und innige Freude lag über seinem Gesicht, dass Annette sie körperlich zu spüren glaubte. Plötzlich fühlte sie sich unbeschreiblich wohl.

„Wir sind eins, Annettchen", flüsterte Gabriel. „Ich werde immer auf dich warten!"

Als Annette in einem sauberen und weichen Krankenhausbett erwachte, saß Carla neben ihr. Eine Traurigkeit lag über ihr, die Annette schmerzte.

„Mutter, ich hatte keine Ahnung, dass du ..." Hastig biss sich Carla auf die Lippen.

„... dass ich krank bin und sterben werde? Ach, Carla ..." Annette strich ihrer Tochter tröstend über die Wange. Der bevorstehende Tod erschreckte sie jetzt nicht mehr. Annette hatte die Antwort auf all ihre Fragen gefunden.

Ρ

Wahn und Wahnsinn

Tommy Lee

*B*eim Morgengrauen brachen sie auf.

Als Mike an den stundenlangen, strapaziösen Marsch dachte, der vor ihnen lag, schauderte er. Dabei war er derjenige gewesen, der vor Tagen seinen Freund zu dieser Bergtour animiert hatte. Am darauf folgenden Samstag waren sie dann schließlich losgezogen.

Gegen Mittag hatten sie die Hälfte der Strecke hinter sich gebracht. Mike stöhnte leise. Der Atem wurde ihm knapp.

„Du kennst dich hier ja aus", meinte Joe.

Seine Bemerkung war überflüssig, aber sie beendete das Schweigen, das zwischen Mike und Joe seit Beginn der Tour geherrscht hatte.

„Wie in meiner Westentasche", bestätigte Mike ebenso unnötigerweise, denn Joe wusste ganz genau, dass Mike während ihrer zehnjährigen Freundschaft tausendmal diesen Saumpfad fernab jeglicher Zivilisation hochgestiegen war.

„Wir hätten es heute nicht tun sollen", überlegte Joe laut. „Das Wetter spielt verrückt." Seine Stimme klang nüchtern. So nüchtern, wie man in dieser gottverlassenen Gegend sein kann, wenn sich über einem Gewitterwolken haushoch türmen, und man mittags den Eindruck hat, man liefe durch die Dämmerung schnurstracks der Nacht entgegen.

Mike nickte seufzend. „Ja, wir werden wohl ins Unwetter reinkommen." Ein Fluch rutschte ihm über die Lippen.

Als hätten die Ungetüme am Himmel nur auf seine Worte gewartet, begannen sofort dicke Tropfen auf die Erde zu prasseln.

„Komm!", rief Joe und deutete auf einen Trampelpfad, der sich steil ein Stück nach unten zog, und der so schmal war, dass er beim ersten Hinsehen allenfalls als eine Frühjahrslaune eines Schmelzwasserrinnsals zu werten war.

Mike schüttelte entsetzt den Kopf. „Bist du verrückt?", rief er ärgerlich. Joe wusste doch, dass auf den nächsten fünf Kilometern kein Weg abzweigte.

„Das ist nur ein Wildwechsel. Willst du, dass wir uns den Hals brechen? Nein, danke, ich verzichte!"

Joe schürzte seine Lippen spöttisch. „Blödsinn", knurrte er. „Nun komm endlich!" Er sah Mike direkt in die Augen. „Oder hast du am Ende Angst?" Dieser merkwürdige Ton in Joes Stimme! Ohne zu wissen, warum, durchfuhr es Mike eiskalt. Unbehagen kroch in ihm hoch, das er aber rasch zu verdrängen suchte. Was war heute nur los mit Joe? Welcher Teufel war in ihn gefahren? So seltsam hatte er sich noch nie benommen. Misstrauisch musterte Mike ihn eingehend. Aber er konnte nichts Ungewöhnliches feststellen.

Ein Blitz zuckte aus den Wolken, der Donner ließ die schwüle Luft erzittern.

Nur widerwillig folgte Mike Joe nach unten. „Ich hoffe, du weißt, was du tust?!", maulte er. „Diese Tour ist Wahnsinn! Mist. Und nun dieses Unwetter. Joe, wir sollten lieber umkehren. Hörst du mich? Joe!"

Joe reagierte nicht. Beharrlich setzte er seinen Marsch fort. „Bleib dicht hinter mir!", befahl er seinem Freund mit brüchiger Stimme und bog die Büsche auseinander. Von einem Weg konnte längst keine Rede mehr sein.

Mike wurde wieder mulmig zu Mute. Was hatte Joe bloß vor? „Verrätst du mir, wo du hinwillst?", fragte er seinen voraneilenden Freund.

Ein Blitz flackerte gespenstisch über den steilen Abhang. Ein Donner krachte in die Schlucht. Mike kroch hinter Joe durch das dichte Latschengeflecht.

„He, Joe, wir machen einen Riesenblödsinn! Auf diesem Steilhang hoch über dem Fluss gehen wir höchstens drauf", schrie Mike aus Leibeskräften. Doch eine Bö erfasste seine Worte und trug sie nach hinten.

Joe erhob sich.

Dämonisch beleuchtete kurz ein Blitz die helle Kalkwand, an der sich Joe zu schaffen machte.

Mike atmete auf. „Eine Höhle?", dachte er. Woher hatte Joe das nur gewusst?

Joe drehte sich langsam um. Mike sah zu ihm aus dem Gebüsch auf. Dieser Blick! Er schauderte. Diese Mischung aus Wahnsinn und wilder Entschlossenheit flößten Mike Angst ein. Er begann zu schwitzen. Sein Herz raste ...

Zehn Jahre kannte er Joe nun schon, doch noch nie hatte er diesen Ausdruck in Joes Gesicht bemerkt.

„Bist du krank?", schrie Mike. „Ist dir nicht gut, Joe? Verdammt, so sag doch etwas!"

Der Donner schwoll mit dumpfem Rollen an, und Mike wusste, dass er im Bruchteil einer Sekunde schneidend niederkrachen würde. Trotzdem erschrak er. Dann spürte er um sich herum das Knistern. Er wollte laufen. Schnell. Fort. Mike zitterte. Hagelkörner prallten schmerzhaft in sein Gesicht. Sein Körper war bis zum Zerreißen angespannt.

Joe war einen Schritt zurück in die Höhle getreten und durchbohrte Mike mit seinem stechenden Blick.

„Du willst wissen, woher ich diese Höhle kenne?", fragte er lauernd. „Wir waren schon einmal hier, Mike. Nur du und ich. Wie heute. Nur du und ich."

Mike schluckte. „Joe, was ist los mit dir?", rief er. „Wir waren noch niemals hier!" Mike sah Joe als Silhouette vor dem Höhleneingang. Er konnte seinen Blick nicht mehr erkennen. Die Silhouette näherte sich Mike langsam und bedrohlich.

„Schluss mit dem Spiel, Joe!", verlangte er.

Joe lachte heiser. Nichts und niemand konnte ihn mehr

aufhalten.

Panik ergriff Mike. „Beruhige dich, Joe! Bitte!", versuchte er, seinen Freund zu besänftigen. „Es ist nur das Gewitter, hörst du? Gleich ist es vorbei."

Der Sturm trug die Worte davon.

Joe schien sie nicht gehört zu haben, denn er kam weiter unaufhaltsam näher.

„Ich muss fort", dachte Mike entsetzt. „Vorbei an dieser Silhouette, hinaus in den Hagel, nur fort, raus aus dieser verdammten Höhle."

Doch er kam nicht mehr dazu. Als Mike aufspringen wollte, um zu fliehen, fühlte er Joes Finger, die sich um seinen Hals schlossen. Es waren kalte, Furcht erregende Finger, die ihm die Kehle zudrückten. Aber das konnte ihm in seiner letzten Sekunde auch egal sein.

Der Blitz entlud sich. Funken sprühten überall in der Höhle. Mike schrie entsetzt auf.

Als er erwachte, lag er in einem steril weißen Zimmer. Ein Arzt schaute ihm besorgt ins Gesicht. Hinter dem Arzt erkannte Mike die Uniform eines Polizisten. Er wandte den Kopf auf die andere Seite. Dort saß Linda, seine Frau. Mit weit aufgerissenen Augen sah sie ihn an und flüsterte: „Mike, warum hast du das getan?"

Da war es wieder, jenes Unbehagen. Er schluckte. „Ich verstehe nicht. Was ... was hab ich getan?" Sein Blick heftete sich auf Linda.

„Warum hast du Joe erwürgt?"

Ρ

Betrogene Betrüger

Emma Jago

Das Sanatorium war ein Prachtbau im Jugendstil und wirkte eher wie ein gepflegtes Hotel. Es lag ein wenig auf der Anhöhe und hatte einen bezaubernden Ausblick auf die Alpenkette und einen kleinen, fast schwarzen See, auf dem die vielen Surfer wie bunte Wipfel tanzten.

Sabrina lehnte aus dem Fenster ihres Einzelzimmers und genoss die milde Maisonne. Seit Beginn ihrer Ehe war sie das erste Mal für vier lange Wochen allein, um sich zu erholen, sich von all dem Ballast zu befreien, der ihr Leben zunehmend erdrückt hatte. Sie atmete tief durch und freute sich. Die anderen Gäste waren erstaunlich jung. Sie hatte geglaubt, in einen Kreis alter, kranker Menschen zu kommen, die sich von irgendwelchen schweren Leiden kurieren mussten. Aber das Durchschnittsalter lag bei vierzig.

Die erste Woche verging wie im Flug. Morgens turnte Sabrina, dann kamen Massagen, Jogaübungen, Ruhezeiten, nachmittags Wandern, Gymnastik, Tanzen oder Entspannungskurse. Und abends musste sie erst um halb elf im Haus sein. Auch wenn Bernd sie jeden zweiten Tag anrief, spürte Sabrina doch, wie ihr Zuhause in immer größere Ferne rückte. Sie war sich sicher, diese Wochen würden herrlich, herrlich langweilig werden, ohne Verantwortung und jegliche Verpflichtung. Sie wurde dreimal am Tag bedient, das Zimmer war aufgeräumt und das Essen gut. Sie hatte sich, auch wenn sie es nicht nötig hatte, auf Reduktionsdiät setzen lassen, da der Speiseplan verlockender klang. An ein oder zwei Abenden war sie mit anderen Frauen oder Männern in ein Lokal gegangen, doch meistens hatte sie es vorgezogen, im Bett zu lesen oder fernzusehen. Sie hatte schnell gemerkt, dass die altmodische Institution des Kurschattens noch nicht ausgestorben war. Zu Beginn der zweiten Woche hatte sie selbst einen, und zwar einen ausnehmend gut aussehenden.

„Sie gestatten?" Beim Frühstück setzte sich ein Mann an ihren Tisch. Gestern war ihr Gegenüber, eine füllige Blondine, die unentwegt Geschichten aus ihrem Liebesleben erzählt hatte, abgereist, sodass Sabrina froh war, ein anderes Gesicht vor sich zu haben. Und das war wirklich angenehm anzusehen. Grauschwarze Haare, auch wenn sie die Stirn großzügig freigaben, eine Brille mit silberner Fassung, dahinter dunkelbraune Augen, nein, das eine war braun, das andere tatsächlich zur Hälfte blau, Sabrina senkte den Blick, so fasziniert war sie. Schlanke Finger, die einen goldenen Ring trugen, begannen, das Frühstücksei zu klopfen und die Schale mit geschickten Bewegungen zu entfernen. Sie mochte es nicht, wenn man ein Ei einfach köpfte. Es hatte etwas Martialisches.

„Mein Arzt hat gesagt, wenn ich nicht bald etwas für meinen Körper und meine Seele tue, werde ich die zweite Million nicht erleben. Oh, entschuldigen Sie, ich heiße Simon." Er lächelte. „Das war natürlich nicht ernst gemeint. Ich habe Ihren Blick gesehen. ‚Einer dieser Chauvies auf Anmachetour', haben Sie sicherlich gedacht. Nein, ich hatte nur in der letzten Zeit zu viel am Hals. Und Sie?"

„Sabrina, ich meine, ja ich auch." Das Eigelb auf ihrem Löffel fiel auf die dunkelrote Marmelade. Sie kicherte. Wenn sie verlegen war, benahm sie sich tolpatschig. Als sie aufsah, nahm sie ebenmäßige Zähne wahr, die unter einem kleinen Schnauzer nur darauf zu warten schienen, zuzubeißen. In den Buttertoast, den Simon in der Hand hielt, oder in etwas anderes? Das Glas mit Orangensaft fiel ihr aus der

Hand. Beide griffen danach, und dabei berührten sie sich. Nein, das war unmöglich. Sabrina sprang auf.

„Sie entschuldigen mich." In ihrem Zimmer holte sie tief Luft. Für den Vormittag ließ sie sich bei allen Anwendungen entschuldigen und versäumte das Mittagessen. Aber am Abend konnte sie Simon nicht mehr ausweichen, da sie einfach Hunger hatte. Er lächelte noch strahlender als am Morgen.

„Unpässlich?"

„Nein." Sie knallte ihm dieses Wort entgegen, als könne sie damit sein diabolisches (oder war es doch ein fürsorgliches?) Lächeln vernichten. Das Essen absolvierte sie ohne größere Unfälle. Beim Nachtisch fragte Simon:

„Gehen Sie mit mir in das Bauerntheater? Ich könnte vielleicht einen Dolmetscher gebrauchen?"

„Gern." Sabrina lachte erleichtert auf. Dieses Nordlicht würde nur die Hälfte der Pointen in einem süddeutschen Stück verstehen. Und so war es auch. Sie hatte sich bei dieser merkwürdigen Aufgabe so wohl wie selten gefühlt und lachte immer noch, als sie in einem Weinlokal mit schummriger Beleuchtung saßen und eine Drei-Mann-Kapelle furchtbar schnulzige Lieder spielte.

„Ich mag ein steifer Preuße sein. Aber auch der kann ein Feuer entfachen." Simon knabberte an einer Brezel, während seine andere Hand unter dem Tisch Sabrinas Knie berührte, darüber strich und dann unter ihren Rock wanderte. Heiße Wellen durchfluteten sie, und dem musste sie sofort Einhalt gebieten.

„Was würde Ihre Frau dazu sagen?"

„Und Ihr Mann? Wir sollten beide besser tanzen."

Beide hatten unwillkürlich auf ihre Eheringe gesehen. Doch der Slowfox machte alles noch schlimmer oder besser. Sie lehnte den Kopf an seine Brust, roch sein After Shave, oder was es war. Sein Körper schmiegte sich an den ihren. Hände glitten über ihre Schultern und Hüften, verweilten kurz bei den Schenkeln und legten sich – einem unschuldigen Schal gleich – wieder um ihren Hals. Es war nur ein Hauch von Berührung und doch so intensiv, als hätten sie sich nackt umschlungen.

Um zwölf Uhr schlichen sie in das Sanatorium. Am nächsten Tag erhielten beide einen so genannten „Tadel" als Eintrag in den Krankenbericht. Der zweite Verstoß zöge eine sofortige Entlassung mit sich. Das waren Maßnahmen aus der Schulzeit, mussten aber wohl sein.

Beim Frühstück sahen sie sich an. Sie grinsten wie Lausbuben, die gerade noch einmal der gerechten Strafe entkommen waren. Es war ein Spiel mit dem Feuer. Nur war der Augenblick, in dem sie beide verbrennen würden, noch nicht gekommen. Er kam am nächsten Tag in der Seilbahn. Sie fuhren auf den Gipfel des Bergs, von dem das Sanatorium seinen Namen hatte. Sie waren allein in der Gondel, sie schwankte ein wenig, dann schaukelte sie heftiger, und Sabrina wurde gegen Simon gedrückt. Ihr war unwohl. Sie wurde leicht schwindlig und hatte Angst vor großen Höhen.

„Liebes, keine Angst. Ganz ruhig." Er streichelte sie wie ein Vater, der seine kleine Tochter besänftigte. Doch diese beschützenden Bewegungen wurden drängender, forschender, bis sich Sabrina nicht mehr wehrte und auf der Bank zurücksank und Simon empfing, ihn aufnahm und sich treiben ließ auf einer ungeahnten Woge der Lust. Ein hartes Rütteln brachte sie in die Wirklichkeit zurück, während ihr erlösender Schrei Simons befreiendes Stöhnen überdeckte. Dann rumpelte die Kabine in die Station.

„Na, da san's ja ganz schön durchg'schaukelt worden, die Herrschaften. Die Lady hat wohl a sakrische Angst g'habt." Der Gondelführer grinste unverschämt, bis Sabrina entdeckte, dass ihre Jacke offen stand und ein BH-Träger herausragte.

Beide flüchteten in den Gasthof auf dem Gipfel und tranken zur Stärkung einen Jägertee, bis Sabrina losplatzte. Sie lachte wie seit Jahren nicht mehr, und Simon ließ sich von ihr anstecken. Zuerst schmunzelten die drei oder vier anderen Personen im Raum, dann lachten sie ebenfalls und hoben gratulierend die Hände, als Sabrina aufstand, Simon umarmte und ihn küsste.

„Danke", flüsterte sie. „Aber jetzt lass uns gehen."

Sie ließen sich auf einer Bank nieder, als sie die Hälfte des Abstiegs geschafft hatten, und sprachen zum ersten Mal über ihr Privatleben und warum sie in dem Sanatorium waren. Sabrina konnte ihren Redefluss nicht mehr eindämmen. Sie sprach und sprach: Ihr Vater, der gestorben war; wie ihre Mutter beinahe daran zerbrochen war; dass Sabrina sie in ihr Haus geholt hatte, obwohl Bernd wollte, dass sie einen Pflegeplatz suchten. Und wie dann ihre Mutter den Tod ihres Mannes nicht verkraftet hatte und in Sabrinas Armen gestorben war. In dieser Zeit hatte sich auch ihre Ehe auf einem Nullpunkt befunden. Bernd war immer häufiger abends spät nach Hause gekommen, der Kranken in seinem Heim entflohen, und, und … Eine Freundin hatte Sabrina zur Kur überredet, als alles vorüber und sie vollständig am Boden zerstört war. Bei Simon war es anders gewesen: Sein Kompagnon hatte ihn an den Rand eines betrügerischen Bankrotts getrieben. Und die anschließende Sanierungsphase war, als sie erfolgreich abgeschlossen war, zu viel für ihn geworden.

An diesem Nachmittag liebten sie sich noch einmal auf dieser Bank und in den letzten zwei verbleibenden Wochen überall dort, wo sie einigermaßen sicher sein konnten, nicht ertappt zu werden. Simon entwickelte eine erstaunliche Fantasie. Vom Tretboot auf dem See bis zu einem nicht benutzten Abstellraum im Sanatorium hatten sie alle Plätze ausprobiert und waren einander mehr und mehr verfallen, auch wenn beide wussten, dass das Ende mit Riesenschritten näher kam. Sie vermieden Gespräche über ihre Partner, die zu Hause warteten, und stellten sich blind vor der Tatsache, dass der Abschied und die Trennung bevorstanden.

Simon brachte sie zum Bahnhof. Er würde erst in einer Woche nach Hause reisen.

„Wir müssen jetzt vernünftig sein."

„Natürlich, mein Herz", antwortete Sabrina. Auch wenn sie in derselben Stadt wohnten, würde es für sie kein Wiedersehen geben. Sie würden beide zurückkehren und ihre Beziehungen an dem Punkt wieder aufnehmen, an dem sie vielleicht noch zu reparieren waren. Der Abschied war mehr als vernünftig. Ein flüchtiger Kuss, ein paar verlegene Worte, bis Sabrina in ihrem Abteil saß. Sie hatte weder aus dem Fenster gesehen noch gewinkt.

Bernd wirkte wie ein Jüngling bei seinem ersten Rendezvous, im Arm einen Strauß Rosen, und er stotterte vor Freude, als er sie sah.

Der Alltagstrott nahm Sabrina wieder gefangen, ebenso die Arbeit in der Redaktion. Nur Bernd schien immer noch zu viele Verpflichtungen zu haben. Mindestens zweimal in der Woche kam er erst nachts nach Hause ("wichtige Verträge, anschließend Geschäftsessen, du weiß ja."). Sie wusste nur eines, dass Bernd kein sexuelles Interesse mehr an ihr hatte, obwohl sie es mit allen Mitteln zu wecken versuchte. Sie gab sich selbst die Schuld und wurde erst misstrauisch, als sie per Zufall auf eine Restaurantrechnung für zwei Personen stieß und auf eine Blumenquittung. Einmal nahm sie einen fremden Duft an ihm wahr. War es ein neues Eau de Toilette oder ein weibliches Parfum? Sie beantragte eine detaillierte Telefonrechnung, auch wenn sie sich schäbig und wie eine Spionin vorkam, doch sie wurde fündig. Spätabends, wenn Sabrina meist schon im Bett lag, musste Simon stets mit demselben Anschluss telefoniert haben. Es tauchten immer wieder die ersten vier Ziffern einer Nummer auf, die ihr unbekannt waren. Auch in dem gemeinsamen Adressbuch waren sie nicht. Der Zufall half ihr. Beim Aufräumen stieß Sabrina auf ein Faxjournal aus der Zeit, als sie zur Kur war. Und dort standen die vier Ziffern und die Senderkennung. Es war Simons Name. Sie wollte es nicht glauben. Nun schlug sie im Telefonbuch nach, obwohl sie damals gesagt hatten: „Wenn der Zufall es will, so sehen wir uns wieder." Das war kein Zufall, sondern ein Fingerzeig. Sabrina zitterte, nahm eine Schlaftablette und ging ins Bett.

Drei Tage später rief sie, als Bernd abends nicht zu Hause war, an. Simon meldete sich.

„Hallo, ich bin es." Ihre Knie flatterten, und die vier Worte klangen wie eine zerkratzte Schallplatte.

„Liebes, du? Was ist passiert? Ach was, ich möchte dich sehen. Treffen wir uns in einer Stunde am Beethoven-Platz beim Denkmal?"

Es war bitterkalt, als sie sich umarmten, und Simon zog Sabrina in das nächste Lokal. Es war eine laute Studentenkneipe, und sie mussten sich fast schreiend unterhalten. Als sie das Puzzlespiel ihrer Beziehungen zu einem gesamten Ganzen zusammengesetzt hatten, lachten sie wieder, wie damals auf der Alm. Genauso hemmungslos und befreit.

„Betrogene Betrüger sind wir. Ehebrecher mit Anstandsgefühl. Das ist das Komischste, was mir je in meinem Leben passiert ist." Simon lachte immer noch, als er Sabrina im Taxi im Arm hielt und dem Fahrer eine Adresse nannte.

„Was unsere beiden treuen Ehepartner können, schaffen wir mit links." Sie standen vor einem bekannten Hotel. Wie selbstverständlich ging Simon zur Rezeption und kehrte mit einem Schlüssel zurück.

„Kleines, wir haben die Hochzeitssuite. Aus meinen erfolgreichen Tagen schulden die mir noch einen Gefallen. Und sie haben es nicht vergessen."

Das Appartement war ein Traum. Das Schlafzimmer wurde beherrscht von dem größten Bett, das Sabrina je gesehen hatte. Als sie aus der Dusche zurückkehrte, sah sie einen Servierwagen mit einem Sektkühler. Aus ihm ragte, mit einer weißen Serviette umhüllt, ein Flaschenhals. Ein Blumenarrangement stand auf dem Tisch, und auf einer riesigen Silberplatte waren Leckereien, die vier Personen satt gemacht hätten.

„Mein über alles geliebter Engel. Heute Nacht holen wir alles nach, was wir uns in den letzten Monaten versagt haben." Simon hielt ihr ein Glas entgegen, und der Champagner kitzelte in Sabrinas Kehle. Nach ein paar Minuten kam Simon aus dem Bad, ein Handtuch um die Hüften, und legte Sabrina auf dem Bett zurück und sich daneben. Er steckte ihr eine Erdbeere in den Mund, neckte ihre Zunge, die sie hungrig herausstreckte, mit einer Lachsscheibe und fütterte sie, bis sie „Nein" sagte.

Das Essen war nur die Vorspeise. Was dann folgte, war kein Hauptgang, kein Nachtisch, sondern die Auferstehung.

„Bitte nicht aufhören, Gott der Liebe oder Teufel der Wollust, wer immer auf uns sieht", flehte Sabrina, während ihre nackten Körper sich auf den Laken wälzten, sich ineinander verschlangen, bis beide sich wie ein Ganzes fühlten, das unzertrennbar war.

„Lass einen alten Mann zu Atem kommen", keuchte Simon irgendwann in der Nacht. „Du bist unersättlich, und wenn du so weitermachst, bringst du uns beide noch um."

„Das könnte ich mir gut vorstellen ... Dich nur spüren, alles vergessen und dann nie mehr aufwachen, vor allem, wenn ich an morgen und alles anderes denke."

„Pscht, Kleines, nicht jetzt. Bitte, keine Tränen." Simons Lippen trockneten Sabrinas Augen. Es war eine unendlich zärtliche Geste. Und wieder umfingen sie sich. Es war, als seien sie auf einer Insel der Glückseligkeit. Und nach ihrer letzten, dieses Mal sehr ruhigen, beinahe gelassenen Vereinigung nahmen sie sich in die Arme und ruhten Kopf an Kopf, den kommenden Schlaf und Morgen vorausahnend.

„Liebster?"

„Hm?"

„Was wirst du morgen machen?"

„Ich weiß es nicht. Und du?"

„Ich auch nicht."

„Lass uns noch ein wenig schlafen."

Amor hatte seinen Pfeil verschossen und verließ die beiden. Er hoffte, dass morgen ein Cupido an seine Stelle treten würde.

Ⴒ

Schütze

23. 11. — 22. 12.

Überraschung im Fasching

Martina Peters

*N*a endlich", rief Nadja und stürmte zur Tür. Sie freute sich schon so auf das Wiedersehen mit ihrer besten Freundin Kati, die sie fast ein ganzes Jahr nicht gesehen hatte.

„Hallo, Schnecke", rief Kati schon von weitem. Überglücklich fielen sich die beiden in die Arme.

„Wir haben uns ja so viel zu erzählen", sagte Nadja und zog Kati ungeduldig mit sich in ihr Zimmer.

„Es hat sich nichts verändert", bemerkte Kati, als sie ihre hübschen braunen Augen im Zimmer umherschweifen ließ. Sie räkelte sich wohlig auf Nadjas Couch. Ja, sie war zu Hause, und das war ein tolles Gefühl.

„Dass du überhaupt noch in unser kleines Deutschland zurückgekehrt bist?", schmunzelte Nadja und biss genüsslich von ihrem Riegel ab. Immer wenn sie aufgeregt war, hatte sie ein riesiges Verlangen nach Schokolade, und heute war sie furchtbar aufgeregt.

„Ach, weißt du, das Aupair-Dasein in Amerika ist gar nicht so einfach. Vor allem dann nicht, wenn man ständig drei Kinder und zwei Hunde um sich hat", lachte Kati.

„Wie sind denn die Boys in Amerika?", wollte Nadja neugierig wissen. „Sind sie anders als bei uns? Niedlicher vielleicht? Oder total obercool?"

Katis Blick wurde plötzlich unheimlich traurig. „Nee", antwortete sie, „glaub mir, du hast echt nichts versäumt." Ihre Miene erhellte sich wieder. „Jetzt erzähl du mal: Was ist das ganze Jahr über in der Clique los gewesen? Ist mir was durch die Lappen gegangen?"

Nadja grinste. „Vera ist jetzt mit Tim zusammen. Und Nina und Gerold streiten immer noch wie verrückt." Schelmisch verzog sie das Gesicht. „Tja, es kann halt keiner ohne den anderen!", stellte Nadja fest und schob sich das letzte Stück ihres Riegels in den Mund.

„Was ist mit ..." rutschte es Kati ungewollt über die Lippen. Sie stockte.

„Du meinst, was mit Michael ist?"

Wieder schlich sich jenes Gefühl von Traurigkeit in Katis Herz, wie so oft im vergangenen Jahr, wenn sie an Michael gedacht hatte. „Himmel, ich steh immer noch voll auf ihn", überlegte Kati verwirrt.

„Er hat sich ziemlich verändert, als du plötzlich weg warst", riss Nadja sie aus ihren tristen Gedanken hoch.

Verächtlich winkte Kati ab. „Verändert? Dass ich nicht kichere!" Ihre Augen blitzten spöttisch. „Der ist doch sicher noch hinter jedem Girl her, das ihm über den Weg läuft. Nee du, für so 'nen Macho bin ich mir eigentlich zu schade."

Schnell lenkte Nadja vom Thema ab. „Kommst du heute abend ins EXTRA? Die anderen freuen sich schon riesig auf dich! Übrigens, wir feiern deine Rückkehr mit 'ner coolen Faschingsparty. Das Motto ist Amerika! Außerdem –" Nadja machte ein geheimnisvolles Gesicht. „Außerdem haben wir eine Überraschung für dich – wird aber jetzt noch nicht verraten."

„Okay", lachte Kati. „Bin schon total gespannt. Aber jetzt komm, du willst doch sicher wissen, was ich für dich in meinem Riesenkoffer nach Hause geschleppt habe?"

Bevor Kati den Koffer öffnete, stülpte sie sich ihre Baseballmütze über den blonden Zopf und betrachtete ihr fertiges Outfit im Spiegel: Mit ihrem riesigen College-Pulli und ihren weiten Worker-Jeans sah sie richtig amerikanisch aus.

Ob sie wohl Michael auf der Party begegnen würde? Bei diesem Gedanken schlug ihr Herz schneller. Nadjas Frage nach den amerikanischen Jungs kam ihr wieder in den Sinn. Kati hatte ein paar schöne Wochen mit Colin verbracht. Er war haargenau der Typ, den sich alle Girls wünschten: aufmerksam, humorvoll und total ehrlich. Und – er war unheimlich verliebt in Kati. Doch sie musste immer nur an Michael denken. Durch Colin hatte sie geglaubt, Michael vergessen zu können. Vergeblich! Er saß zu fest in ihrem Herzen.

Kati warf nochmals einen letzten Blick auf ihr Spiegelbild. Ja, sie war in diesem einen Jahr selbstbewusster geworden, stellte sie zufrieden fest. Sollte Michael doch sehen, dass er ihr egal war und dass es sie nicht mehr verletzte, wenn er mit den anderen Girls flirtete.

Als Kati Stunden später das Café betrat, stürmten alle begeistert auf sie zu. „Hallo, Kati! Na, auch wieder im Lande? Wir dachten, du hättest uns schon vergessen", begrüßten sie Vera und Tim herzlich.

„Hi, Kati", rief Gerold und umarmte sie liebevoll. „Warte mal, ich suche Nina. Sie freut sich schon tierisch auf dich."

Bei so viel Freude war Kati total gerührt. Erst recht, als sie sah, welche Mühe sich ihre Freunde gemacht hatten, um sie willkommen zu heißen.

Überall hatten sie kleine, niedliche amerikanische Flaggen aufgehängt und alles richtig amerikanisch geschmückt. Einige menschliche Freiheitsstatuen liefen herum, auch ein paar Baseballer. Zwei Girls trugen Kostüme à la Cher. Natürlich gab es das berühmte Fastfood, und die Musikbox spielte Soul, Katis Lieblingsmusik.

Nur Nadja maulte leise: „Wo warst du nur so lange? Sag bloß, du bist immer noch so unpünktlich wie früher! Na, weißt du ..."

Lachend umarmte Kati sie. „Ist ja gut, Schnecke", beschwichtigte sie. „Ich werde mich bessern."

Schon war Nadja versöhnt. Mit einem „Bis später!" mischte sie sich unter die Gäste.

Die Zeit verstrich. Kati war richtig gut drauf, Michael hatte sie aber noch nicht entdeckt. Gedankenverloren nippte sie an ihrem Glas. Plötzlich sah sie etwas! War das nicht Nadja? Eben verschwand sie in einem Nebenzimmer des Cafés. Ein maskierter Footballer folgte ihr. Kati verspürte einen kleinen Stich in der Magengegend. Sie hatte aus dem Footballhelm schwarze Haare hervorlugen sehen. Sie gehörten zu Michael, das wusste sie ganz genau. Aha! So war das also. Michael und Nadja!

Plötzlich stand Vera vor Kati und versperrte ihr die Sicht zur Tür. „Hast du Nadja gesehen?", fragte Kati hastig.

„Die bereitet gerade deine Überraschung vor!"

„Sorry, Vera, aber ich muss mal ganz dringend an die frische Luft", entschuldigte sich Kati rasch.

Einen Moment später stand sie vor dem Nebenzimmer und hörte durch die angelehnte Tür, wie Nadja und Michael fröhlich herumalberten. Michael lachte: „Mensch, Nadja, Kati wird staunen, wenn ..."

„Ach was, sie wird's schon überleben", erwiderte Nadja.

Durch die laute Musik im Hintergrund drangen nur Satzfetzen an Katis Ohr. Trotzdem ahnte sie Schreckliches. Dann hörte sie: „So, jetzt hilf mir, mich wieder anzuziehen, damit wir zu den anderen zurückkommen!" Das war Michaels ungeduldige Stimme. Nadja kicherte leise. Kati drückte sich eng an die Wand. Auf einmal traten Tränen in ihre Augen. War das Nadjas Überraschung? Sie hatte Katis Abwesenheit ausgenutzt, um sich an Michael ranzumachen! Wie gemein! Und Michael? Kati fühlte sich von Nadja total verraten. In ihrem Kopf drehten sich immer nur zwei Worte: Michael und Nadja, Michael und Nadja ...

Die Tür wurde aufgerissen. „Mensch, Kati!", rief Nadja überrascht. Kati glaubte, Schuldgefühle in Nadjas Augen zu lesen. Schnell drehte sie sich um und lief nach draußen.

Die kalte Luft fing sie sofort ein. Kati lehnte sich an einen

Baum und ließ ihren Tränen freien Lauf. Unerwartet umfingen sie zwei warme, weiche Arme.

Michael! Sie hatte ihn gar nicht kommen hören. Zornig versuchte Kati, sich aus seiner Umklammerung zu befreien, doch es gelang ihr nicht.

„Bitte, beruhige dich, Kati," keuchte Michael. Und dann, dann küsste er sie.

Einen Moment lang war Kati wie gelähmt. „Jetzt kapier ich gar nichts mehr", seufzte sie.

„Ist doch ganz einfach", lachte Michael. „Ich liebe dich!"

„Was?" Verblüfft riss Kati ihre Augen auf. „Du liebst mich? Wieso jetzt und nicht vor einem Jahr? Was soll überhaupt dieses dumme Spiel?"

Michael zog sie wieder an sich und flüsterte: „Weil mir erst, als du weg warst, total klar wurde, dass ich nur dich liebe!"

„Mich? Und wie war das mit den Girls, mit denen du pausenlos herumgeflirtet hast?"

Er zuckte die Schultern. „Na, mich hast du ja einfach links liegen lassen."

„Ich? Du hast mich doch links liegen lassen."

Michael grinste. „Blöd, oder?"

„Echt!", fand Kati auch und lachte glücklich. Doch dann fiel ihr Nadja wieder ein. „Was ist mit Nadja? Ich ... habe euch im Nebenzimmer gehört."

„Du, wir wollten nur deine Überraschung vorbereiten."

Zweifelnd sah ihn Kati an.

„Ehrlich!", beteuerte Michael. „Ich sollte dir die Überraschung in einem Clowns-Kostüm präsentieren. Nadja half mir beim Umziehen."

Katja fiel ein Stein vom Herzen. „Himmel, ihr macht es aber spannend! Was ist denn nun meine super Geheimüberraschung?"

„Wir haben alle zusammengelegt und dir ein Ticket zum Faschingswochenende in Venedig spendiert."

Kati konnte ihr Glück kaum fassen. „Was? Da wollte ich ja schon immer mal hin!"

„Siehste! Aber jetzt die zweite Überraschung", fuhr Michael fort. „Wenn du willst, werde ich dich begleiten!"

Als Antwort fiel Kati ihm um den Hals.

अ

Karibische Küsse

Patricia Lester

*E*in Jahr hatte Iris gebraucht, um ihre Liebe zu vergessen, die von Anfang an hoffnungslos war. Der Urlaub auf einer traumhaften karibischen Insel, auf der sie Jens kennen gelernt hatte, blieb jedoch unauslöschlich im Paradies ihrer Erinnerung, aus dem sie sich nicht vertreiben lassen wollte. Noch manchmal sah sie sich die Bilder an. Aber Jens glaubte sie, erfolgreich in eine Ecke ihres Herzens verdrängt zu haben, als das Telefon an einem trübseligen Sonntag im November, es war ausgerechnet Totensonntag, Iris aus einer dieser grässlichen Launen riss. Sie hatte gerade überlegt, ob sie wieder ins Bett gehen, fernsehen oder sich um ihren verlotterten Haushalt kümmern sollte.

„Iris, meine Liebste, wie geht es dir?"

Seine unbekümmerte Stimme, die sie damals so verzaubert hatte, als er sie unter den Palmen am Strand stürmisch küsste, während ein überaus kitschiger Vollmond sich schamhaft bei ihrer Umarmung hinter den Wolken verborgen hatte, brachte den Telefonhörer zum Zittern.

„Oh, welch seltener Anruf." Sie bildete sich ein, dass sie äußerst kühl antwortete, auch wenn sie anfing, zu schwitzen.

„Iris, willst du meine Taufpatin sein? Ich bin letzte Woche Vater geworden. Und da dachte ich ..."

Ihr blieb die Luft weg. Sie wollte ihn fragen, ob sein Frisör gestorben sei, doch sie nuschelte:

„Das ist ja toll. Geht es deiner Frau gut? Was ist es?"

„Ein Mädchen, es soll deinen Namen bekommen. Elke geht es bestens. Sag, kommst du?"

Sie ließ die Antwort offen, auch wenn sie wusste, dass nichts sie von einem Wiedersehen mit Jens abhalten konnte. Sie war mit diesem Mann, nein, Jüngling, zwei Wochen so unverschämt selig gewesen, vielleicht weil sie nur für eine kleine Weile Zaungast am Gatter seines Lebens sein durfte. All ihre Ersparnisse hatte sie zusammengekratzt, um sich zwei Jahre nach der Scheidung wieder einen Urlaub zu gönnen. Zehn Jahre lang hatte sie während ihrer Ehe mit ihrem Mann alle schönen Plätze in Europa erkundet. Keine Insel hatten sie ausgelassen. Und dann, als sie allein war und die Trauer ein wenig überwunden hatte, da packte sie wieder die Reiselust. Aber sie wusste, Europa war ihr zu eng und klein. Überall wäre sie auf Erinnerungen gestoßen, die sie vergessen musste. Doch sie wollte wieder auf eine Insel, ganz weit weg. Warum? Vielleicht, weil ein Fleck Erde, von Wasser umgeben, wie ein Schloss war, in dem sie sich gefangen fühlen konnte und doch frei, fern von allem, was eine Last war.

So war es ungeheuer aufregend gewesen, zum ersten Mal allein mit zweiundvierzig Jahren loszufahren, weg von den Problemen im kalten Deutschland, in dem bereits der November einen langen und dunklen Winter ankündigte. Sie hatte ein Dorado gefunden, fast auf der anderen Seite der Erdkugel.

Die ersten Tage lief sie mit dem entrückten Lächeln eines Menschen den Strand entlang, der nicht mehr in irdischen Gefilden weilt. Das Wasser war ein azurtürkis farbiger Spiegel. Nachmittags schwamm sie in einem samtenen Bad. Kurz nach Sonnenaufgang beobachtete sie Krebse, die – winzigen Ufos gleich – aus ihren, wie mit einem Zirkel gestochenen Löchern krochen und vorsichtige Spaziergänge über den seidigen, in sanftem Beige glänzenden Sand machten. Oder sie sah einem Schwarm Flamingos nach, der in exakter V-Formation über dem Meer entlang glitt. Manchmal lachten die Möwen, wenn ihnen ein besonders guter Fang gelungen war, dann bellten sie wieder wie junge Hunde, weil sie erfolglos geblieben waren. Ein paar Mal schreckte sie ein Schwarm fliegender Fische auf, als sie im Schatten ihrer palmenbedeckten Strandhütte ein spannendes Buch verschlang. Dann lernte sie Jens Eltern kennen. Sie entpuppten sich als ein äußerst sympathisches Ehepaar, mit dem sich Iris gut unterhielt, während Jens tagsüber auf einem Surfbrett in dem stetigen Nord-Ost-Passat übte, der die tropischen Temperaturen so angenehm machte.

Nach einer Woche luden Doris und Heinz sie zum Abendessen in ein Fischlokal ein. Iris hatte zum ersten Mal Languste gegessen und einen Fruchtpunsch getrunken, in dem angeblich nur eine Spur Rum war, aber in ihrem Kopf ein Gefühl verbreitete, als schwebe sie auf einer Wolke. Sie spießte eine Scheibe auf, die in ihrem Cocktailglas landete, als Jens eine Hand auf ihr Knie legte. Es war ihr noch nicht einmal peinlich. Im Gegenteil, sie lachte:

„Sind Gurken eigentlich mit Kiwis verwandt? Zumindest ähneln sie sich."

Jens Finger wanderten ein wenig höher, und Iris spürte Gänsehaut auf ihren Armen. Was wollte dieser Junge, der beinahe ihr Sohn sein konnte? Er war fünfundzwanzig, Student, und er sah ungemein gut aus. Nach einer Woche glich sein Körper dem unwiderstehlichen Reklamebild für gesunde Sonnenmittel, das Spiel seiner Muskeln machte einem griechischen Gott Ehre, und er konnte ein Lächeln in sein Gesicht zaubern, das jede Frau – gleich welchen Alters – zum Schmelzen brachte. Wie hätte Iris da unberührt bleiben sollen?

Sie gab sich Mühe. Doch es dauerte nur drei Tage, bis ihr Widerstand zerbrach. Dabei hatte dieser Abend schlecht angefangen. Heinz lud Iris zu einem Schachspiel ein und ließ sie bereits bei den ersten drei Zügen in eine nahezu aussichtslose Falle tappen, weil Jens sie fortwährend anstarrte und mit seinen Zehen wippte, was sie zutiefst verwirrte. Sie sah nicht mehr die Füße eines jungen Mannes, sondern Arme und Beine, die sie umfingen, und spürte gleichzeitig Doris prüfenden Blick, die die Szene äußerst missbilligend beobachtete.

Als Mutter täte ich das auch, fuhr es Iris durch den Kopf. Sie überlegte, ob sie einfach ihren König aufs Kreuz legen sollte. Mein Gott, so weit dachte sie schon. In einem normalen Spiel gab man einfach auf.

„Mein Ex-Mann sagte, ich sei eine lausige Klötzchenschieberin, was sich heute wieder mal beweisen ließ. Deswegen verzichte ich auf eine Revanche." Iris stand auf. Das kurze Sommerkleid klebte an ihren Schenkeln. Doris sah es und Jens auch.

„Es ist dunkel, ich bringe dich zu deinem Bungalow." In Jens Stimme war ein siegessicheres Vibrato, das Iris nach ihrer Niederlage wütend machte. Dunkel, ha! Die Milchstraße, zum Greifen nahe, verstreute verschwenderisches Licht, und den Weg zu ihrem Bungalow hätte sie auch mit verbundenen Augen finden können.

„Oh, das ist wirklich nicht ..."

„Ich freue mich, dass mein Sohn bei einer Dame Manieren zeigen kann."

Nun fiel ihr Heinz auch noch in den Rücken. Aber leicht wollte sie es diesem Jung-Adonis nicht machen. Jens legte beschützend einen Arm um ihre Schultern, wobei Iris prompt über eine der Muscheln stolperte, die sie tagsüber so entzückten und ihr jetzt einen Fluch entlockten. Jens Hand war dabei auf ihrer Hüfte gelandet. Verdammt, wenn die Berührung nur nicht so angenehm gewesen wäre.

„Vielen Dank für den Samariterdienst. Hoffentlich kommst du auch gut nach Hause." Der Spott in ihrer Stimme versickerte, als sie in Jens Augen blickte.

„Mädchen, meine Königin, warum so borstig? Du weißt

doch, wie ich dich liebe?"

Sie wusste und glaubte es nicht, aber so hatte es angefangen, und sie hatte sich einfach treiben lassen. Einmal fand sie unter einer Muschel einen Liebesbrief, dann wieder einen glitzernden Stein vor ihrer Tür. Wenn der Junge, als Mann konnte sie ihn beim besten Willen nicht bezeichnen, nur nicht so zärtlich gewesen wäre, selbst noch beim Abschied:

„Ich werde dich immer lieben und dich nie vergessen. Ich schreibe dir jede Woche, und wenn ich Zeit habe, besuche ich dich", hatte er ihr am Flughafen ins Ohr geflüstert, seine Hände hatten gebebt und waren schweißnass gewesen. O ja, er hatte ihr noch zweimal geschrieben, und dann war zuerst die Hochzeitsanzeige gekommen und ein paar Monate später eine schwarz umrandete Drucksache über den Tod von Doris. Iris hatte auf beide Briefe nicht reagiert. Sie flog für ein Wochenende nach Athen und kehrte unglücklich zurück. Tag für Tag saß sie vor ihrem PC, ging einmal in der Woche in die Sauna und belegte völlig überflüssige Kurse in der Volkshochschule. Irgendjemand hatte ihr gesagt, das sei ein überreifer Markt für Bekanntschaften. Doch das Internet und eine Stunde im Chat waren interessanter. Sie hatte sich sogar in einem Fitnessstudio eingeschrieben, aus dem sie außer einem grässlichen Muskelkater nur halbseidene Angebote von einem der so genannten Trainer mit nach Hause nahm, und weinte sich in regelmäßigen Abständen bei einer ihrer Freundinnen aus, die es so unwahrscheinlich gut mit ihr meinten, aber doch nur ihren moralischen Zeigefinger anklagend erhoben, wenn sie von Jens erzählte.

„Meine Liebe, eine Frau in deinem Alter. Das müsstest du doch wissen", war noch der mildeste Tadel, den sie erfahren hatte. Und jetzt sollte sie Taufpatin sein! Und vielleicht noch einen Witwer trösten. Wütend rief sie die Zugauskunft an und schickte dem jungen Vater ein Telegramm.

Das Taxi, Iris hatte es abgelehnt, sich vom Bahnhof abholen zu lassen, setzte sie am folgenden Freitag vor einem Einfamilienhaus ab. Ein eisiger Wind und erste Schneeflocken stachen unangenehm auf den wenigen Schritten zur Haustür in ihr Gesicht. Ein richtig tolles Wetter für ein Freudenfest! Gewaltiger Groll ballte sich in Iris zusammen, und sie bereute ihre Zusage. Nur um ihren Ex-Lover wiederzusehen, vielleicht noch mit einem schmerzhaften Dauerlächeln die junge Ehefrau und ihr hässliches Balg bewundern zu dürfen, vergeudete sie hier ein Wochenende.

„Iris, komm rein in die Wärme." Jens strahlte sie an, als habe er karibischen Sonnenschein gepachtet.

„Wo sind denn deine Frau und deine Tochter?" Iris schüttelte sich und ließ sich aus dem Mantel helfen.

„Du siehst fantastisch aus."

Dieser Junge musste von Casanova abstammen. Iris fand sich in diesem Augenblick potthässlich. Ihr Gesicht war durch die Kälte gerötet, die Beine waren von der Zugfahrt geschwollen, und außerdem war sie ausgesprochen übellaunig, was ihrem Aussehen schon immer geschadet hatte.

„Wie alt ist deine Tochter?"

„Vier Monate, und sie gerät genau nach mir."

Eitel war er also auch noch, während ihr innerer Computer zu rechnen anfing. Jens hatte also seine jetzige Frau bereits geschwängert gehabt, als er mit ihr ... Also, diesem Mistkerl würde sie es zeigen, und wenn der Pfarrer bei der Zeremonie vor Scham erröten müsste.

„Elke, mein Liebling." Jens drehte sich zu einem wahrlich bezaubernden Geschöpf um, das etwas in den Armen hielt, was wohl das Baby war. Wut und Ärger verflogen. Iris musste diese junge Frau einfach sympathisch finden. Sie strahlte eine unbekümmerte Fröhlichkeit aus und war noch dazu einfach schön.

„Ich rechne Ihnen das hoch an, Frau Songer. Jens hat mir alles gebeichtet. Er hat mir auch geschworen, dass er sich nie mehr so schändlich benehmen wird, weder bei Ihnen noch bei mir. Dafür werde ich sorgen."

Iris lachte. Aus Elkes Augen funkelte Kampfeslust. Beinahe empfand Iris Mitleid mit ihrem Beau, der fortan unter einer zärtlichen, aber umso unerbittlicheren Fuchtel stehen würde.

„Darf ich mal das Baby, ich meine ..."

Elke streckte ihr das Bündel entgegen, und Iris verspürte eine seltsame Beklommenheit. Ähnlichkeit mit Jens konnte sie nicht erkennen, aber dafür etwas anderes, was sie verwirrte, als sie die Wärme des Körpers in ihren Armen fühlte. Es war lange her, dass sie ein Kind gehalten hatte.

„Vater, unsere Taufpatin ist da."

„Hallo, Klötzchenschieberin, du siehst toll aus."

„Du auch, Heinz", murmelte Iris und war zutiefst erschrocken über die hagere und graue Gestalt. Sie sah Elke an, die sie von dem Kind befreite, und ging zu Heinz, dem sie behutsam eine Hand auf die Schulter legte.

„Wie geht es dir?"

„Bestens, ich habe prächtige Kinder, eine noch prächtigere Enkeltochter und eine Taufpatin, die an diesem trüben Wintertag wahrhaftig hereingeschneit ist wie eine Sommerelfe."

„Heinz, ich flehe dich an." Iris bemerkte, dass sie beide allein im Wohnzimmer standen. „Das mit Doris, es tut mir so Leid."

„Es war nur die letzten Tage schlimm. Für sie und für mich. Aber ich denke oft an die glücklichen Zeiten. Weißt du, die Erinnerung ist das einzige Paradies, aus dem du nicht vertrieben werden kannst. Niemand kann es dir nehmen."

„Heinz, genau die gleichen Gedanken hatte ich vor einer Woche, als Jens mich anrief."

„Du bist eben eine kluge Frau."

„Hör mit dem Blödsinn auf. Du siehst grauenhaft aus. Du bist ein Mann in den besten Jahren. Das Leben geht weiter. Mach was daraus. Verdammt, wie kann ich dir helfen?"

„Lass einfach weiter deine Hand auf meiner Schulter."

Iris' Finger waren schmutzig von der Bahnfahrt und hinterließen dunkle Abdrücke auf dem weißen Hemd. Sie würde es nie lernen, sich anständig zu benehmen. Sie seufzte und zuckte zurück.

„Nein, bitte."

„Aber, dein Hemd, ich meine ..." Iris ballte vor Verlegenheit die Fäuste in ihren Hosentaschen und machte den Fehler, Heinz in die Augen zu sehen. Hatte sie tatsächlich vor wenigen Minuten gedacht, dieser Mann sähe grauenhaft aus, und warum bekam sie Gänsehaut? Sie grübelte über ein Sprichwort nach, es hatte mit Obst zu tun.

„Iris, es ist ein vollkommen unpassender Augenblick, aber ..."

„Habe ich dir schon gesagt ..." Iris trat mutig die Flucht nach vorne an, „dass ich launisch bin, dass du bei mir nicht vom Fußboden essen kannst, dass ich zu viel rauche, dass ich eine ekelhafte Person bin und mich öfters daneben benehme?"

„Ich weiß, du hast es in der Karibik gezeigt, als du meinen Sohn verführt hast. Meinst du nicht, es wäre jetzt Zeit, den Mund zu halten, wieder auf die Insel zu fahren und den Vater zu verführen?"

ગ|

Steinbock

22. 12. – 20. 01.

Ein anderes Fest

Emma Jago

*I*m Radio erklangen die ersten Weihnachtslieder, die Geschäfte und Straßen waren festlich geschmückt, und jeden Abend, wenn Monika in ihrer Wohnung war, überfiel sie die Angst vor dem Fest. Vor drei Jahren war sie das erste Mal über fünf lange Tage allein gewesen. Wenn man zehn Jahre mit einem geliebten Menschen feiert, bei jedem Geschenk in zärtlicher Umarmung versinkt, sich gegenseitig mit selbst gebackenen Plätzchen füttert, und später ...

„Werde bloß nicht albern. Du hast es damals überstanden und genauso letztes Jahr, also wirst du auch in vier Wochen wieder morgens gesund aufwachen." Monika stand vor dem Spiegel und machte ein trotziges Gesicht. Doch Weihnachten vor einem Jahr stand ihr deutlich vor Augen. Sie hatte geglaubt, stark genug zu sein, um die Vergangenheit zu überlisten. Tapfer hatte sie Plätzchen gebacken, ein Blech war verbrannt, eine Sorte kläglich zerbröselt, aber Vanillekipferl und Butterplätzchen waren ihr gelungen. Zu einem Baum konnte sie sich nicht durchringen. Dafür waren in einer Bodenvase Tannenzweige mit Strohsternen. Ihr Kühlschrank war mit Leckereien und Köstlichkeiten gefüllt. Einen Tag vor Heiligabend rief Erika an.

„Liebe, ich bin am Ende. Du musst mich retten." Bei jedem ihrer Anrufe kam sich Monika vor, als werde sie von einem Panzer überrannt. Und als sie den Hörer auflegte, wusste sie, dass es Erika auch dieses Mal gelungen war.

Am nächsten Morgen hatte Monika Erikas Hund in der Wohnung, den diese auf einem Kurztrip mit einem ihrer ständig wechselnden Liebhabern nicht brauchen konnte. Die vier Tage waren ein klassischer Horrortrip. Bella entpuppte sich als hysterische Dalmatinerhündin, die zwar jede Sorte Plätzchen mochte, am Räucherlachs Gefallen fand und auch das Filetsteak nicht verschmähte. Aber sie wollte dreimal am Tag nach draußen, weigerte sich jedoch beharrlich, die glatten Treppenstufen hinunterzugehen. Monika schleppte das weißschwarze Vieh und stolperte bei bitterer Kälte und nicht enden wollenden Schneestürmen durch ihr Viertel. Morgens um sechs heulte der Hund vor ihrer Schlafzimmertür, und Monika musste immer wieder die aufkommenden Weinkrämpfe unterdrücken. Nach vier Tagen waren ihre Nerven zerfetzt, der Hund wimmerte nur noch depressiv, und die Freundschaft mit Erika ging am fünften Tag in die Brüche, da sie – nicht wie versprochen – Bella nach vier Tagen abgeholt hatte.

„Dieses Jahr, meine Liebe, machst du es ganz schlau. Weder Baum noch Plätzchen, Hund sowieso nicht. Du gehst in eine Kneipe mit toller Musik und ..." Monika hielt inne. Selbstgespräche waren die ersten Anzeichen einer ernst zu nehmenden Singlemania. Sie nahm eine Zeitung und blätterte lustlos darin, als sie eine Anzeige entdeckte: „Das andere Weihnachten für Singles. Bei uns sind Sie nicht allein."

Am nächsten Morgen bestellte sie den Prospekt, und was sie sah, gefiel ihr. Nach einer ruhelosen Nacht, Monika traf Entscheidungen immer erst am nächsten Morgen, buchte sie für die Feiertage.

Das Hotel lag am Hang, eingebettet in die winterliche Schneelandschaft, bewacht von dunklen Tannen, und strahlte in der untergehenden Sonne mit seinen Türmen und Zinnen wie ein Märchenschloss. Schon beim Empfang glaubte Monika, in eine Zauberwelt entführt zu werden. Das Zimmer war eine Suite, das Personal von einer souveränen Eleganz und Diskretion, als erwarte es eine Prinzessin.

Mit klopfendem Herzen und in einem eleganten Kostüm betrat Monika abends den Speisesaal. Der Maitre d'Hotel begrüßte sie mit einem „Herzlich Willkommen, Madame" und führte sie zu einem Tisch, an dem bereits ein Mann saß und die Speisekarte studierte.

„Wir möchten, dass unsere Gäste auch während des Essens nicht auf Unterhaltung verzichten müssen. Oder ist es Ihnen nicht recht?"

Monika setzte sich, der Mann blickte hoch, stand auf und fiel wieder in seinen Stuhl.

„Verzeihen Sie, ich heiße Adrian, und Sie?"

„Monika." Sie nahm die Karte und hielt sie vor das Gesicht.

„Angenehm."

„Dieser Kuppeltrick ist wohl die Masche des Hauses? Hier sitzt keiner allein."

„Vermutlich, ich bin zum ersten Mal hier, die letzten Jahre waren grauenhaft an den Feiertagen."

„Wem sagen Sie das? Ach, was essen Sie?", fragte Monika und sah ihr Gegenüber an. Sie bestellten dasselbe. Bei der Suppe siezten sie sich, beim Hauptgang berührten sich ihre Hände, und beim Nachtisch kam das Du. Kurz vor Mitternacht verabschiedete sich Adrian vor ihrem Zimmer mit einem zärtlichen Hauch von Kuss.

Den nächsten Tag verbrachten sie zusammen und genossen die Aktivitäten, die das Hotel bot. Sie fuhren Schlitten, gingen in die Sauna und schwimmen und rasten in atemberaubendem Tempo über eine Bobbahn.

„Mach dich hübsch für das Weihnachts-Diner", sagte Adrian am Abend. Dieses Mal küsste er sie nicht auf die Wange, sondern auf den Mund.

Unter der Dusche erinnerte sich Monika an diese Berührung. Sie hatte ihr gut getan. Das heiße Wasser prickelte auf der Haut, das Shampoo perlte und schäumte, und auf einmal geriet Monika in Panik. Dieser Mann hatte etwas in ihr geweckt, was sie nicht mehr haben wollte. Sie hatte Sehnsucht nach Zärtlichkeit, nach seinen Händen, die Nähe eines Mannes wieder zu spüren, und ... Monika stellte das Wasser auf eiskalt, und als sie bibberte, hüllte sie sich in einem Bademantel und legte sich auf das Bett. Aber ihre Fantasie überlistete sie, und wie von selbst glitten ihre Finger unter den Mantel und begannen eine vorsichtige und gleichzeitig erregende Wanderung. Mitten in einem wohligen Stöhnen fiel ihr Blick auf die Uhr. Sie sprang auf und kam gerade noch rechtzeitig zum Essen.

Natürlich stand ein mit Lametta überladener Baum in der Ecke des Saals, aber auf den einzelnen Tischen waren Rosengestecke mit goldenen Blättern, und aus den Lautsprechern erklang das Lied für Lady Di. Monika sah Adrian, drehte sich um und ging in ihr Zimmer. Sie war noch nicht dazu bereit. Im Fernseher lief einer dieser üblichen Familienkomödien, eine Schale Plätzchen stand neben ihrem Bett, und die Minibar war gut bestückt. Das Telefon läutete ein Dutzend Mal. Sie ignorierte es. Und dann kamen die Tränen, und als ihr Strom versiegt war, ein Stapel Taschentücher hatte auch noch die letzten Spuren der Schminke entfernt, klopfte es an der Tür.

Monika öffnete sie einen Spalt, sie wusste, wer da stand.

„Warum warst du nicht beim Essen?" Adrian sah sie mit unglücklichem Gesicht an. „Ich habe auf dich gewartet."

„Ich sehe unmöglich aus, aber komm herein."

„Du hast geweint. Tränen machen dich schön."

„Blödsinn. Setz dich. Hol dir was aus der Minibar. Ich ziehe mich an."

„Nein, bleib so, ich möchte dich nur anschauen und mit dir reden."

„Ich konnte nicht zum Essen kommen, weil mir klar wurde, dass ich nicht ewig flüchten kann, dass ich das Alleinsein lernen muss, gerade an solchen Feiertagen, und dass es auch nichts bringt, sich in das nächste Abenteuer zu stürzen."

„Bin ich ein Abenteuer für dich? Bitte komm her."

Adrian wartete ihre Antwort nicht ab. Er nahm sie auf den Arm und legte sie behutsam auf das Bett. „Liebes, ich hatte genauso Bammel vor diesem Abend, den Feiertagen, aber als ich dich gesehen habe ... Lass es doch einfach zu." Und als seine Hände unter ihren Mantel glitten, ihre Brüste liebkosten, küssten, seine Finger immer neugieriger und forschender wurden, seine Zunge die letzten Spuren ihrer Tränen auffing, ließ sie sich treiben. Sie gab nach, ließ sich von der Lust verführen und leiten, bis ihr Stöhnen nicht mehr traurig war, sondern nur noch Begehren und Sinnlichkeit.

Um Mitternacht läuteten die Glocken. Sie beide standen am Fenster und sahen in den tief schwarzen Sternenhimmel.

„Sieh, eine Sternschnuppe. Schließ die Augen und wünsch dir was. Schnell, bitte." Adrians Hand glitt von Monikas Schulter über den Rücken und hielt an ihrer Hüfte inne.

„Ich weiß nicht was. Jetzt ist der Augenblick der Auferstehung."

„Damit kann ich dir momentan nicht dienen." Adrian lachte, es war eher ein Glucksen, und zog sie näher an sich heran. „Aber ich habe mir was gewünscht. Eine kleine Ewigkeit mit dir."

Die Nacht dauerte bis zum Morgengrauen. Als Adrian ging, wusste Monika, dass sie noch nicht einmal einen Lidschlag der Ewigkeit genossen hatten. Sie nahm den ersten Zug, und in ihrer kalten Wohnung blickte sie auf die Visitenkarte mit Adrians Nummer. Zwei Tage später rief sie ihn an.

„Mein Engel, für mich ist eine Welt zusammengestürzt, als ich hörte, dass du am nächsten Morgen abgefahren warst. Was habe ich in jener Nacht verkehrt gemacht?"

„Gar nichts. Im Gegenteil. Als du gegangen warst, wusste ich auf einmal, dass ich die Liebe brauche, dass ich aber auch allein leben kann und keine Angst mehr haben muss an solchen Feiertagen. Gestern und vorgestern dachte ich an dich, das Telefon schellte nicht, trotzdem fühlte ich mich nicht allein oder depressiv."

„Heißt das, du magst mich noch?"

„Wie könnte ich einem Mann widerstehen, der in einer Nacht so oft von den Toten auferstanden ist."

„Du bist ein frivoles Weib. Ich muss und will dich wiedersehen."

„Nächste Woche sind zwei schlimme Feiertage für einsame Singles, Sylvester und Neujahr. Wir könnten einen Start in das Neue Jahr wagen."

„He, Adrian, bist du noch da?"

„Mir ist der Hörer aus der Hand gefallen."

Als Adrian kam, war es mehr als ein Neuanfang, mehr als eine Auferstehung. Der Himmel war bewölkt. Sie konnten sich an keine Sternschnuppe klammern, die ihre Wünsche erfüllte. Sie mussten sich ihren eigenen Himmel erschaffen. Und sie taten es. Auf einmal war wieder alles einfach. Jeder Kuss, den sie tauschten, war ein Versprechen, jede Umarmung ein Schwur auf die Ewigkeit. Um Mitternacht läuteten die Glocken, und das Feuerwerk begann.

„Prosit Neujahr, mein Herz. Welche Vorsätze hast du?"

„Nur einen einzigen, Geliebte."

„Welcher ist das?"

„Ich werde ihn dir zeigen."

Die Glocken und das Feuerwerk waren schon längst verstummt. Monika streichelte Adrians Körper, der in friedlichem Schlaf versunken war. Wenn das so weiterginge, brauchte sie nie mehr Angst vor Feiertagen zu haben. Sie drückte ihm einen zarten Kuss auf die Wange. In dreihundertfünfundsechzig Tagen würde sie wieder an diese Nacht zurückdenken.

♄

191

Rummelplatz der Liebe

Martina Peters

*A*ch, Kitty! Schade, dass die Woche schon wieder um ist",
seufzte Maja. „Die Tage waren megacool, findest du nicht?"

Kitty war Majas Brieffreundin aus Irland. Vor zwei Jahren
hatte Maja Kittys Adresse durch eine Freundin bekommen.
Seitdem schrieben sich die beiden Girls regelmäßig. Meist
auf Englisch, aber auch auf Deutsch. Kitty war ein richtiges
Sprachgenie.

Zurzeit besuchten Kittys Eltern Bekannte in Deutschland.
Sie hatten Kitty erlaubt, Maja für eine Woche zu besuchen,
damit sich die beiden Mädchen endlich mal persönlich kennen lernen konnten. Maja und Kitty hatten sich vom ersten
Sehen an gleich gemocht.

„That's true", nickte Kitty. „Es war really great bei dir! Ich
hab 'ne Menge gesehen, und deine Family war echt nice zu
mir." Die beiden Mädchen saßen in Majas Zimmer auf dem
Boden und sahen Fotos von Irland an.

„Nächstes Jahr komm ich zu dir. Versprochen!", sagte
Maja mit einem Blick auf die Fotos. „Ich will ja schließlich
auch mal sehen, wie's bei dir zu Hause ist." Aufmunternd
zupfte sie Kitty an ihrem karminroten Haarzopf. „Aber jetzt
ist Schluss mit Trübsal blasen, okay? Wo bleibt nur Olli? Wir
wollten dir doch noch unseren Jahrmarkt zeigen."

„Well. Was ist eigentlich mit dir und Olli?", wollte Kitty neugierig wissen.

„Was soll schon sein?" Maja zuckte die Schultern.

„Bist du in Love mit ihm?", fragte Kitty unumwunden. „Er

ist so sweet ..." Kitty geriet ins Schwärmen.

„Olli und ich? Blödsinn!" Irritiert strich sich Maja ihre braunen Locken aus der Stirn.

„Why not? Ihr versteht euch super. Das sieht doch jeder. Und ihr macht fast alles zusammen."

Maja winkte gleichgültig ab. „Echt. Wir sind nur Freunde."

Mit einem seltsamen Lächeln auf den Lippen schüttelte Kitty den Kopf. „Oh no! Gibt's denn das? Your heart is blind. Dein Herz ist blind."

Nachdenklich runzelte Maja die Stirn. Olli und sie ein Paar? Unmöglich. Er war ihr bester Freund. Sonst nichts. Aus Freundschaft konnte keine Liebe werden. Eine bittere Erfahrung, die Maja schon einmal durchgemacht hatte. Wie dumm war sie doch damals gewesen, als sie sich auf eine Beziehung eingelassen hatte. Als diese kurz darauf scheiterte, ging die Freundschaft gleich mit in die Brüche.

„Nee", hatte sich Maja danach geschworen. „So was passiert mir echt nie wieder."

Wie gut, dass sie Olli damals schon kannte. Er hatte sie getröstet und in ihrem Schmerz aufgefangen. Und wie gut auch, dass er sich ihr gegenüber nie anders als ein super Kumpel verhalten hatte. Sie und Olli waren Freunde. Und würden immer Freunde bleiben. Maja hatte null Lust, je etwas daran zu ändern. Schon gar nicht wegen irgendwelcher alberner Gefühle.

„I think, zur Liebe gehört auch Freundschaft", riss Kitty sie aus ihren Gedanken. „No love without friendship and no friendship without love."

„Nee, du", rief Maja und sprang auf. „Ollis Freundschaft ist mir tausendmal wichtiger als seine Liebe."

Plötzlich klopfte jemand an der Tür. Olli kam herein. „Hallo, Girls", rief er munter. „Seid ihr soweit für den großen Rummel?" Seine braunen Augen blitzten unternehmungslustig.

Maja zog Kitty hoch. „Los, komm", drängte sie. „Viel Zeit

haben wir ja nicht mehr, bis du zum Flughafen musst."

Als die drei kurz darauf lachend am Rummelplatz ankamen, drängten sich ihnen Menschenmassen entgegen. Der Geruch von gebrannten Mandeln lag in der Luft. Laute Musik dröhnte überall aus den Lautsprechern.

Maja, Kitty und Olli schlenderten an einem Riesenrad vorbei, einer Fünfer-Looping-Achterbahn, dem ‚Fliegenden Teppich‘.

Kitty war total von der riesigen Geisterbahn fasziniert. Olli dagegen fand die Scooterbahn megacool.

Es gab noch unzählige Buden mit Essen und Getränken, außerdem große Zelte, aus denen laute Blasmusik und das Stimmengewirr vieler fröhlicher Menschen drang.

Kitty kam aus dem Staunen nicht mehr heraus, worüber Maja nur herzlich lachte.

„Bei uns in Ireland gibt's so was auch", erzählte Kitty begeistert. „Is aber not so big wie this hier."

„Typisch Hinterwäldler", neckte Maja.

Olli legte seinen Arm um Kitty. „Keine Bange, du gehst schon nicht verloren", sagte er liebevoll.

Maja verspürte einen kleinen Stich in der Magengegend, als Olli den Arm um Kitty legte. Hatte er sich etwa in Kitty verliebt? Wieso auch nicht? Kitty war unglaublich hübsch. Sie besaß eine sexy Figur und lustige Sommersprossen auf der Nase, dazu grüne, strahlende Augen. So mancher Typ hatte sich bei Kittys Anblick beinahe den Hals ausgerenkt.

Ein beklemmendes Gefühl machte sich in Maja breit. Aber schnell verdrängte sie es wieder. Olli konnte sich verlieben, in wen er wollte. „Hauptsache nicht in mich", dachte Maja trotzig. „Das fehlte noch!"

Maja und Kitty fuhren mit der Achterbahn. Olli sah ihnen dabei zu. Während Kitty Minuten später mit glänzenden Augen aus dem Sitz hüpfte, presste Maja ihre Hand auf den Magen. „Himmel, ist mir schlecht", stöhnte sie.

Olli wandte sich an Kitty. „Ey, wir müssen nach Hause,

oder du verpasst deinen Flieger."

„Oh no! Ich will noch Kettenkarassull fahren. Kettenkassurall! Help me. How do you say?"

Olli und Maja lachten. „Kettenkarussell", kam ihr Olli zu Hilfe.

„Sag ich doch. Kittenkarassoll. Oh, bitte!"

„Ohne mich!", protestierte Maja.

„Okay, ich komm mit", beschloss Olli, nahm Kittys Hand und zog sie zum Karussell. Dann ging's auch schon los.

Maja stand vor dem Karussell und sah den beiden zu. Olli hatte sich Kittys Korb geangelt und zog sie zu sich herüber. Während der ganzen Fahrt hielt Olli Kittys Hand fest, damit sie ihm nicht entwischen konnte. Die beiden lachten übermütig und ließen sich nicht aus den Augen.

Leiser Ärger stieg in Maja hoch. „Na, super", dachte sie. Wenn die keinen Spaß miteinander haben. Und ich steh da wie blöd! Majas Augen verengten sich. Meine Güte! Was war bloß los mit ihr? „Eifersucht", schoss es ihr plötzlich durch den Kopf. „Ach, Quatsch!", schimpfte Maja still mit sich selbst. „Oder doch kein Quatsch?" Okay, sie mochte Olli. Und dass er super aussah, hatte sie auch schon immer gewusst. Genauso, dass eine Menge Girls auf ihn standen. Majas Herz klopfte auf einmal schneller. Plötzlich fiel es ihr wie Schuppen von den Augen. Ach, du Schreck! Sie liebte ihn tatsächlich. Doch aus Angst, wieder einen Freund zu verlieren, hatte sie dieses Feeling total verdrängt.

Maja presste ihre Lippen fest aufeinander. „Super, das fällt mir jetzt erst ein! Jetzt, da Olli Feuer bei Kitty gefangen hatte." Diese Erkenntnis haute Maja regelrecht um. Am liebsten wäre sie auf der Stelle weggerannt, nur damit sie Ollis süßes, verliebtes Lächeln nicht zu sehen brauchte. Aber das ging ja schlecht. Maja war ihre Freundin, Olli ihr Freund. Sie konnte die beiden nicht vor den Kopf stoßen. Wieder einmal hatte Maja einen Freund verloren. Diesmal an ein anderes Girl.

Die wilde Fahrt war zu Ende. Olli und Kitty liefen strahlend auf Maja zu.

„Wow! Wenn das nicht spacig war!", riefen beide fast gleichzeitig.

„Ey, ihr benehmt euch wie alberne Kids", spottete Maja und sah finster zur Seite.

„Hey, was 'n los mit dir?", fragte Olli.

„Nichts", antwortete sie zugeknöpft. „Wir müssen heim. Kittys Flug ..." Schweigend machten sich die drei auf den Heimweg.

Majas Eltern warteten bereits ungeduldig auf sie. „Da seid ihr ja endlich!", rief Majas Mutter erleichtert. „Los, Kitty, deine Eltern warten schon am Flughafen."

Der Abschied war also gekommen: Maja und Kitty umarmten sich fest. „Good luck! Und vergiß mich nicht!", sagte Kitty.

Maja lachte, aber es klang traurig. „Niemals, mein kleines Landei."

Kitty wandte sich an Olli: „Bye-bye, Olli, my dear!"

„Wir sehn uns, mein süßer Rotschopf", lächelte er und gab ihr einen zärtlichen Kuss auf den Mund.

Erschrocken riss Maja die Augen auf. Es hatte also tatsächlich zwischen den beiden gefunkt.

Kitty war noch keine fünf Minuten weg, da fragte Maja: „Du stehst auf Kitty, oder?" Vor Aufregung hielt sie den Atem an.

Olli grinste. „Why not? Kitty muss man mögen! Sie ist irre süß", schwärmte er.

Maja spürte schmerzhaft einen dicken Kloß in ihrer Kehle. „Dann leg dir Schafe zu und werde Bauer! Das tun ja alle in Irland", rutschte es ihr spitz über die Lippen. Hastig drehte sie sich um und wollte davonlaufen.

Olli hielt sie blitzschnell am Arm fest. „Maja, du bist ja eifersüchtig!", schmunzelte er.

„Ha! Das hättest du wohl gerne, was?", rief sie wütend.

Plötzlich zog Olli Maja an sich und küsste sie. „Ich finde dich süß, wenn du so wütend bist.“

„Lass das bloß nicht Kitty hören!“, zischte sie.

Olli holte tief Luft. „Mensch, hast du aber 'ne lange Leitung. Hör mal, ich will nur dich, Maja. Schon so lange! Dein ewiges Freundschaftsgequatsche war total nervig. Nur weil irgendein Typ Mist gebaut hat, musste ich das büßen.“

„Sorry“, lenkte Maja ein. „Das weiß ich auch erst seit heute. Seit ich dich und Kitty so fröhlich miteinander ...“

Olli unterbrach sie. „Schwamm drüber – aber nur, wenn du morgen mit mir Kettenkarassull fährst“, lächelte er verschmitzt.

Überglücklich schlang Maja ihre Arme um Ollis Hals. „Ich muss heute noch an Kitty schreiben“, dachte sie glücklich, bevor sie Olly küsste. Kitty hatte Recht: Freundschaft und Liebe gehören zusammen.

ħ

Wassermann

21. 01. — 19. 02.

Bringen Scherben Glück?

Emma Jago

Das ist die hässlichste Schüssel, die ich je gesehen habe." Mirka stand auf dem Flohmarkt und sah den neben ihr stehenden Mann an, der dieses Monstrum aus Porzellan, Gold und buntem Kitsch in der ausgestreckten Hand hielt und so tat, als verstünde er etwas davon.

„Sie ist für meine Großmutter." Empörung schwang in der Stimme, die ein wenig rau und heiser klang, wie dieses italienische Reibeisen. Mirka hatte den Namen vergessen.

„Arme Oma", erwiderte sie und wandte sich ab.

„Was soll das heißen?" Ein Arm packte Mirka an der Schulter, als sie sich zum Gehen umwandte.

„Mann, vergessen Sie es. War eine dumme Bemerkung von mir. Möge Ihre ..." Sie versuchte, sich von dem Griff zu befreien, und blickte dabei in ein Gesicht, auf dessen Stirn sich Falten zusammenzogen, das aber – vielleicht wegen des Zorns – mehr als sympathisch wirkte.

„Verstehen Sie was von Porzellan?" Die Hand lag nur noch locker auf der dünnen Bluse, die Mirka trug. Sie konnte die Wärme spüren.

„Zeigen Sie her." Irgendwie kamen dann die vier Hände durcheinander, vielleicht waren nicht nur Mirka, sondern auch der Mann ein wenig verwirrt. Und als die Schüssel auf dem Boden lag, ihre Scherben sahen aus wie das Mosaik eines Pflastermalers, herrschte einen Augenblick Stille, die durch ihr Lachen und das Schimpfen des Verkäufers unterbrochen wurde.

So hatte Mirka Fred kennen gelernt. Sie hatte den Preis für die Schüssel heruntergehandelt, sie war wirklich nichts wert gewesen, und war für den Verlust aufgekommen.

„Was schenkst du deiner Oma jetzt?" Mirka lehnte sich an Fred, der sie unter einer Straßenlaterne in die Arme zog. Es war kurz vor Mitternacht und nur ein paar Minuten von Mirkas Wohnung entfernt.

„Wenn du noch einmal diese tyrannische Person erwähnst, die mich zweimal im Monat enterbt, dann küsse ich dich, dass du wünschst, nie geboren worden zu sein." Er tat es, und Mirka glaubte, eher sterben zu müssen. Es war verrückt. Nach dem Flohmarkt waren sie in einem Café gewesen, dann in „Titanic", und Mirka war sich sicher, dass auch Fred ein paar Tränen vergossen hatte. Sie waren durch die Stadt, die in einer nebligen Dämmerung versank, gewandert, hatten an einem Stand Döner Kebab gegessen, und auf einem Spielplatz hatte Fred sie auf die Schaukel gesetzt und den Sitz ins Schwingen gebracht.

„Du hast wunderschöne Beine." Er saß auf einem Plastikelefanten, seine Knie berührten den Boden, und seine Augen wippten im Rhythmus des Schaukelns ihrer Zehen, verweilten in der Mitte, wo der Rock ihre Schenkel freigab, und wanderten zu ihrem Kopf.

„Ich muss jetzt gehen", flüsterte Mirka, immer noch berauscht von diesem herrlichen, aufregenden Tag.

„Gib mir deine Telefonnummer." Freds Zunge wanderte von ihrer Halsbeuge in das Ohr und flatterte dort wie ein liebestoller Schmetterling. „Nein, nicht deine Karte, schreib sie mir mit Lippenstift auf die Stirn, dort will ich sie tragen."

„Du bist wirklich crazy", lachte Mirka und nahm einen Augenbrauenstift und malte mit ihrem Lippenstift neben die Zahlen noch ein rotes Herz.

„Warte bitte auf meinen Anruf, bevor du ins Bett gehst. Ich möchte dir noch gute Nacht sagen." Benommen nickte Mirka, löste sich aus der Umarmung und eilte in ihre Wohnung.

„Ich hätte dich nicht so gehen lassen dürfen", flüsterte seine raue und erregende Stimme durch die Leitung. „Weißt du, was ich mir gerade vorstelle?" Ein Geräusch, als ob Stoff zerrisse, erklang im Hintergrund.

„Nein." Das war kein netter, unverbindlicher Flirt mehr. Dieser Mann ging aufs Ganze. Einen Augenblick zögerte Mirka, doch zuerst wollte sie die Spielregeln kennen lernen.

„Auf dem Heimweg sah ich deine Augen, den kurzen Rock, deine Beine, und stellte mich dir nackt vor. Was hast du an?"

Mirka setzte sich im Bett auf und zog automatisch ihr Big Shirt über die Knie. Doch dann dachte sie, warum nicht? Bis jetzt war nichts passiert, und dies war eine neue Variante, die sie ausprobieren wollte.

„Ein schwarzes Shorty mit roten Spitzen." Auf dem Baumwollhemd feixte ihr Snoopy entgegen.

„Zieh es aus, ich möchte deine Brüste sehen. Ich bin schon nackt."

Hatte sich der verrückte Kerl vielleicht vorhin bei dem Geräusch buchstäblich das Hemd vom Leib gerissen? Mirka grinste ein wenig.

„Ich habe nichts mehr an."

„Das ist gut, meine Süße. Was ich jetzt mit dir tue, werde ich morgen abend wiederholen, wenn du mich lässt. Tust du es? Bitte, ich begehre und liebe dich."

„Ja doch. Ich freue mich auf dich. Aber jetzt möchte ich schlafen, von dem heutigen Tag träumen und dich morgen erwarten."

„Du wirst ganz sicher von mir träumen und mich noch beim Aufwachen spüren. Schlaf gut, Geliebte."

Das war ein frommer Wunsch. Mirka wälzte sich die halbe Nacht im Bett herum, wurde von Bildern verfolgt, in denen sie eine tiefe Stimme zu unglaublichen Dingen überredete und sie sich ihre Zehen an Porzellanscherben zerschnitt.

Im Morgengrauen fuhr Mirka durch das Schrillen des Telefons hoch. Es war Fred.

„Ich liebe dich, ich küsse dich da, wo dich noch kein Mann geküsst hat. Bitte streichele dich dort, wo dich noch kein Mann vor mir berührt hat."

Und das morgens um sieben, bevor noch der Wecker geläutet hatte.

„Wie spät ist es? Woher willst du das wissen?", fragte Mirka noch ganz benommen.

„Ich habe mir heute Nacht vorgestellt, wie du nackt aussiehst. Deine Brüste, deinen Bauch, deine Schenkel. Und wenn ich zu dir komme .... Ich werde mit der Zunge anfangen, deine Zehen liebkosen, jeden Zentimeter deines Körpers werde ich erforschen, ihn mit Champagner geschmeidig und nachgiebig machen. Er wird ein Fünf-Gänge-Menü werden. Hörst du mir zu?"

„Fred, es ist draußen stockdunkel, ich bin müde. Kannst du mir das nicht später erzählen?" Mirka wünschte sich, wieder einschlafen zu dürfen.

„No, Baby, weißt du nicht, dass Scherben Glück bringen? Und das tatest du gestern. Ich bin verrückt nach dir. Ich bin um acht da."

„Okay", flüsterte Mirka. Sie brauchte unbedingt einen Kaffee. Eine Stunde, bevor Fred kommen wollte, überfiel sie einen Augenblick lang ein eigentümliches Flattern, das sie das letzte Mal bei Jens gespürt hatte, jenem bezaubernden, hingebungsvollen Lover, der nur einen Schönheitsfehler besaß, er war nämlich verheiratet. Aber das war schon lange her. Wenn dieser Mann sie mit seiner krächzenden und doch so erregenden Stimme unbedingt verführen wollte, so konnte sie ihm das leicht machen. Jener Jens, er hatte sehr viel Fantasie besessen, hatte ihr damals heiße Wäsche und Dessous geschenkt. Sie lagen weit hinten in einer Schublade. Mirka schüttelte diese Nichts von Dingern, wenigstens kam kein Staub heraus. Dann zog sie halterlose schwarze

Strümpfe mit einem dunkelroten Spitzenbesatz an. Sie schlüpfte in rote Wildlederpumps mit hohen Absätzen. Im Spiegel sah sie eine gut gebaute Frau Mitte dreißig, die möglicherweise bei einem erotischen Treff den Bauch ein wenig einziehen sollte. Aber Beine und Po waren in Ordnung. Zur Bedeckung ihrer etwas gewagten Blöße entschied sich Mirka für ein schwarzes, bodenlanges Krinkelkleid, das ein wenig durchsichtig war. Pünktlich um acht erklang die Glocke.

„Du siehst hinreißend aus."

„Was schleppst du da an?"

Sie sprachen gleichzeitig. Freds Stimme klang noch rauer, als Mirka sie in Erinnerung hatte.

„Du weißt doch, das komplette Menü, das ich dir versprochen habe."

Was in den nächsten Stunden geschah, war wirklich ein Dinner mit fünf Gängen oder mehr, wenn sie die zusätzlichen Einlagen von Fred mitzählte. Er bat sie, die Couch zum Bett aufzuklappen, und verschwand in der Küche.

„Lass dich da bloß nicht blicken. Das ist jetzt mein Revier."

Er kam wieder, nur mit einem schwarzen Slip bekleidet, seine Figur war phänomenal, und er trug einen Sektkühler, aus dem ein Flaschenhals ragte. Über seinem Arm hing sorgfältig gefaltet ein weißes Küchentuch. Er füllte zwei Gläser und prostete ihr zu.

„Salute, auf einen wunderschönen Abend."

Nach dem ersten Schluck nahm er Mirka das Glas aus der Hand und ließ die Flüssigkeit über ihren Hals in den Ausschnitt tröpfeln. Der Champagner kullerte wie kleine Eiskugeln zwischen ihre Brüste und wanderte bis zu ihrem Bauchnabel.

„Mein Kleid wird nass", war alles, was sie herausbrachte. Doch Fred hatte schon die kurzen Ärmel über ihre Schultern gezogen und das Kleid mit einem Ruck bis zu ihren Füßen gerollt und achtlos auf den Boden geworfen. Mirka kam sich nackt vor. Küsse, unzählige zärtliche, eine gierige Zunge, die nichts ausließ, so als wolle jemand unbekanntes Land erforschen, nahmen ihr die Verlegenheit, und sie genoss jede Berührung. Freds Hände, sein Körper waren überall. Einmal stöhnte sie wohlig auf. Als sie die Augen öffnete, war sie allein.

„Madam, die Vorspeise folgt." Fred hielt einen Teller vor seine Hüften und den schwarzen Slip. Mirka hatte nicht gewusst, dass eisgekühlte Hummerkrabbenschwänze ein solches Lustgefühl auf einer erhitzten Haut hervorrufen konnten. Außerdem schmeckten sie köstlich, vor allem, wenn sie in süßsaures Dressing getunkt waren. Und immer wieder seine Hände, Finger, Schenkel und Füße, die sie in Besitz nahmen.

„Baby, jetzt kommt der Hauptgang." Dieses Mal stand Fred nackt vor ihr, er hatte nichts in der Hand. Das einzige, was an ihm hervorragte, war sein Glied, und das in einer unübersehbaren, gewaltigen, standfesten Größe. Mirka fühlte sich willenlos und doch begierig, hungrig, von diesem Mann genommen und befriedigt zu werden. Und Fred tat es. Für lange Zeit bis nach Mitternacht. Mirka stöhnte:

„Ich kann nicht mehr, ich bin satt."

„Du hast den Nachtisch noch nicht bekommen." Seine Stimme an ihrem Ohr schien vom Teufel persönlich zu stammen, mit dem dieser unheimliche Liebhaber einen Pakt geschlossen hatte. Die Wunderpille für den Mann war in Deutschland ja noch nicht erlaubt.

„Nein, ich will nicht mehr."

„Du musst."

Fred verteilte eine kalte, süß duftende Creme auf ihrem Hals, ihren Brüsten, ihrem Bauch, der Innenseite ihrer Schenkel. Ein wenig landete auf ihren krausen Locken. Es sah aus, als wolle sie ihre blonden Haare dort dunkel färben.

„Bitte, ich brauche auch noch etwas Mousse au chocolat.

Wir beide wollen doch ein Dessert."

Mirka beugte sich vor und nahm die Creme.

„Eine Vanille- oder Erdbeer-Mousse wäre ein besserer Farbkontrast, oder?" Sie tauchte den Finger in die Schale und verrieb mit zärtlichen Bewegungen die kalorienreiche und gefährliche Versuchung auf dem von Fred gewünschten Körperteil, der nur auf diese Berührung gewartet hatte.

„Ja, bitte, mach es, noch einmal, wir haben die ganze Nacht Zeit", flüsterte Fred, und seine Stimme klang dünn, jung und verletzlich. „Das hat noch nie eine Frau mit mir gemacht, und ich liebe dich."

Und als sie beide sich an dem Nachtisch satt gegessen, geküsst und wieder geliebt hatten, fielen beide in einen tiefen, traumlosen Schlaf.

„Verdammt noch mal, das ist ein ganz mieses Drehbuch. Und falls dieser lausige Film jemals gedreht werden sollte, was ich nicht hoffe, so werde ich jedenfalls nicht die Hauptrolle übernehmen." Diana nahm das Skript und warf es auf den Boden. Morgen würde sie dem Regisseur eine Absage erteilen. Oder doch nicht? Die Gage war viel versprechend.

Leo ist nicht so

Tommy Lee

*L*eo ist nicht so", sagte Luise zu jedem, der ihren Mann schlecht zu machen versuchte. „Nein, Leo ist nicht so!"

Und was sich die Leute nicht alles über Leo erzählten! Ein unverbesserlicher Trinker sei er, ein Tagedieb, ein Taugenichts, der von Luises Vermögen lebte, ein Charakterschwein, ein ... Die Liste ließ sich beliebig lang fortsetzen. Aber Luise glaubte nichts davon. Bis sie eines Tages das Unglaubliche mit eigenen Augen sah: Leo schlenderte Arm in Arm mit einer entzückenden Blondine die Straße entlang, tauschte Küsse mit ihr aus und warf ihr verliebte Blicke zu. Aber das Schlimmste: Die junge Dame trug Luises Schmuck. Vor einem Jahr hatte Leo ihn als gestohlen gemeldet, da er plötzlich verschwunden gewesen war.

„Leo ist nicht so?", dachte Luise jetzt zweifelnd und konnte sich nun auch die merkwürdigen Unfälle erkären, die ihr seit einiger Zeit dauernd zustießen. O doch, Leo war genau so, wie die Leute ihr immer zugetuschelt hatten.

Einen Monat darauf traf sich Luise mit ihrer Schwester. Agnes, ein fröhlicher, lebensbejahender Mensch, nahm sie tröstend in die Arme. „Ach, Luise", seufzte sie. „Kein Wunder, dass du neuerdings so schrecklich blass um die Nase bist."

Luise schlug schluchzend die Hände vors Gesicht. „Ich werde mich scheiden lassen, Agnes", gestand sie. „Und Leo kann in den Mond gucken, mit diesem ... diesem Weib!"

„Aber zuvor lässt du dich von einem Arzt untersuchen, ja,

Luise? Erst, wenn du fit und erholt bist, würgst du Leo deinen Scheidungsantrag möglichst originell rein."

Luise nickte, und schon am nächsten Morgen saß sie bei ihrem Hausarzt. Sie sprach lange mit ihm. Nach einer Stunde schickte er sie wieder nach Hause. In ihrer Handtasche steckten Aufbaupräparate, Vitaminpillen und etwas zur Beruhigung.

„So", dachte Luise, nachdem sie alles nochmals gründlich durchdacht hatte. „Jetzt ist Leo dran! Mein Vermögen will er erben? Mit diesem Püppchen ein neues Leben beginnen? Du wirst dich wundern, mein Lieber!"

Am nächsten Abend, das heißt, es ging bereits auf Mitternacht zu, kam Luise leicht beschwipst nach Hause. Leo, zornrot im Gesicht, schrie: „Wo warst du, Luise? Und belüg mich nicht. Man hat dich nämlich mit diesem Gigolo gesehen."

Luise kicherte. „Mit Kurt?", fragte sie. „Weißt du, er liebt mich. Und heute flehte er mich buchstäblich an, dich zu verlassen, Leo."

„Ich bring dich um, Luise!", stieß ihr Mann wütend hervor.

„Das dachte ich mir. Und deshalb, weil Kurt einfach nicht locker ließ ... Aber reg dich jetzt bitte nicht auf, Leo!" Luise zog einen Revolver aus ihrer Jackentasche und legte ihn auf den Tisch. „Und deshalb musste ich Kurt leider erschießen."

Leo plumpste in seinen Sessel. „Du hast was?" Seine Augen waren groß wie Mühlräder.

„Kurt erschossen", wiederholte Luise ungerührt. „Dir zuliebe, Schatz. Dummerweise vergaß ich in Kurts Wohnung deine goldene Armbanduhr. Sie liegt jetzt direkt neben seiner Leiche. Du verzeihst mir doch, Leo?"

„Ist das ein Witz, oder was?"

„Nein, nein, man wird dich verdächtigen."

„Du bist verrückt, Luise." Er starrte sie an. „Wenn das wahr ist ..." Doch dann seufzte er erleichtert auf. „Zum Glück hab ich ja überhaupt kein Motiv, einen Wildfremden zu ermorden."

Daraufhin erzählte ihm Luise irgendetwas von einem Brief, den sie mit der Schreibmaschine getippt und den Leo unterschrieben hatte. „Erinnerst du dich an das Schreiben für die Versicherung?", fragte sie. „Da du aber so in Eile warst, unterzeichnetest du vorab ein leeres Blatt. Und ich schrieb danach drauf: *Kurt, wenn Sie weiterhin meine Frau belästigen, bringe ich Sie um. Leo.* Genial, nicht wahr?"

Leo begann zu schwitzen. Die Röte in seinem Gesicht nahm eine knallige Farbe an. „Aber ... aber, warum Luise? Warum hast du das getan?"

„Weil du und dieses Blondinchen mich mies hereinlegen wolltet. Aber nun bist du der Dumme, Leo."

Noch gab Leo nicht auf. Er griff hastig nach dem Revolver. „Glaubst du allen Ernstes, dass ich für einen nicht begangenen Mord ins Kittchen wandere? Nein, Luise, du wirst vor der Polizei deinen hübschen Mund aufmachen, sonst ..." Mit der Pistole zielte er auf ihre Brust.

Luise lächelte hintergründig. „Ja, das hat Kurt auch immer gesagt: ‚Bringen wir Leo doch einfach um!'"

Drei Tage später war Luises Beerdigung. Und während Agnes am Grab leise vor sich hinschluchzte, stammelte Leo im Untersuchungsgefängnis eine Menge wirres Zeug daher. Er faselte etwas von einem Liebhaber namens Kurt, den Luise ermordet hatte, und wofür sie ihm, Leo, die Schuld in die Schuhe schieben wollte.

Trotz intensiver Suche fand man weder einen Geliebten in Luises Leben, noch einen Geliebten namens Kurt und einen Ermordeten schon gar nicht. Leo verstand die Welt nicht mehr.

Am Tag vor seiner Verhandlung besuchte Agnes ihn im Gefängnis. „Armer Leo", bedauerte sie spöttisch. „Mach nicht so ein einfältiges Gesicht. Du hast wohl gar nichts kapiert, was?"

Er schluckte. „Was ... was meinst du?"

„Nun, du hast Luise belogen, betrogen, sie schamlos ausgenutzt und ihre Liebe in den Schmutz gezogen. Und ..." Sie beugte sich etwas vor. „Diese merkwürdigen Unfälle, die Luise dauernd zugestoßen sind, gingen doch auch auf dein schändliches Konto, oder?" Sie richtete sich wieder auf. „Luise wollte sich scheiden lassen", fuhr Agnes fort, „musste aber erfahren, dass sie schwer krank ist. Der Arzt gab ihr noch ein paar Monate."

Leo war blass geworden. „Und ich Idiot fiel glatt auf ihr Theater herein", fluchte er leise. „Ich habe ihr ein grausames Leiden erspart, während ..."

„Stimmt", nickte Agnes lächelnd. „Während du in den Mond gucken wirst."

Liebeskummer ist 'ne blöde Nummer!

Jan Henning

Ist ja schon gut, meine Kleine", tröstete Jörg seine sechzehnjährige Tochter. „Ich weiß, Liebeskummer ist 'ne blöde Nummer."

Verweinte blaue Augen blitzten ihn entrüstet an. „Paps! Musst du auch noch dumme Witze reißen?"

„Tu ich gar nicht, Schätzchen. Wenn ich mich an meinen ersten, großen ..."

„Muss ja ewig her sein", kam es geringschätzig über Anjas Lippen. Jörg schmunzelte. Für seine Tochter war er mit seinen zweiundvierzig Jahren natürlich so was wie Methusalem. „Oder meinst du etwa die Story mit Petra?" Anja winkte ab. „Sei bloß froh, dass du die los bist. Staubtrockene Bankerin. So was passt doch gar nicht zu uns!"

Nachdenklich runzelte Jörg die Stirn. „War wohl eher umgekehrt", dachte er und erinnerte sich unangenehm an Petras genervte Vorträge über seine exzentrische, unberechenbare Tochter, die so gar keinen Sinn für ein geordnetes Familienleben bewies. Himmel, ja! Petra hatte den Nagel auf den Kopf getroffen. Anja war exzentrisch! Er wusste aber auch, dass sie hinter ihrer burschikosen Art ein weiches, mitfühlendes Herz versteckte.

Und was Anjas angeblich mangelnden Familiensinn betraf: Woher hätte sie ihn denn haben sollen? So was wie ein geregeltes Familienleben hatte sie ja nie kennen gelernt. Ihre Mutter starb ein halbes Jahr nach Anjas Geburt bei einem Verkehrsunfall. Nicht nur, dass Jörg selbst jahrelang wie unter einem Schock stand, nein, von da an lastete die gesamte Erziehung auf ihm allein. Jörg gab zwar sein Bestes, die Mutter konnte er allerdings nicht ersetzen. Als er das begriff, hoffte er nur noch, dass Anja so schnell wie möglich selbstständig würde. Je früher sie auf eigenen Füßen stand, umso leichter würde sie mit ihrem Leben klarkommen. Sein Wunsch erfüllte sich. Jammerschade war nur, dass ausgerechnet all jene weiblichen Wesen, in die sich Jörg im Laufe der Jahre verliebt hatte, so überhaupt nichts von Anjas Eigenständigkeit hielten. Wenn schon eine Stieftochter, dann wenigstens etwas zum Knuddeln und Vorzeigen ...

Ein zärtliches Lächeln flog jetzt über Jörgs Gesicht. Das typische Vorzeigepüppchen war seine temperamentvolle Anja tatsächlich nicht. Gerade das erfüllte ihn aber mit ungeheuerem Stolz.

„Heute abend wird's später, Schätzchen", erklärte Jörg zwei Tage später. „Bin mit Ines Schwenninger verabredet."

„Aha!" Anja grinste breit. „Triffst dich ziemlich oft mit ihr, Paps. Was das wohl zu bedeuten hat?" Mit einem herzlichen Lachen umarmte sie ihn. „Schade, dass sie nur 'ne witzlose Anwältin ist. Etwas mehr Pepp hätte ich dir schon zugetraut." Sie seufzte. „Na ja, mir egal. Ich werd sowieso Model und jette dann nur noch um die Welt."

„Darüber sprechen wir später", meinte er ernster als gewollt. Anjas Traumberuf lag ihm schon seit längerem wie ein schwerer Stein im Magen. Zumindest heute wollte er nicht darüber nachdenken. Auf das Abendessen mit Ines freute er sich schon seit Tagen. Ein halbes Jahr kannte er sie nun schon, und von Mal zu Mal fand er sie hinreißender. Jörg, selbstständiger Architekt, hatte damals Schwierigkeiten mit einem Kunden gehabt und war deshalb zu Ines gegangen. Wie erwartet, hatte sie seinen Fall erfolgreich durchgefochten. Seitdem trafen sie sich regelmäßig.

Anjas Bemerkung lag leider trotzdem den ganzen Abend wie ein Schatten auf Jörg. So sehr er sich auch bemühte, strahlende Laune zu versprühen, es klappte einfach nicht. Irgendwann fragte Ines: „Verrätst du mir endlich, was dich quält?" Aufmunternd lächelte sie.

„Es geht um Anja", rutschte es ihm ungewollt über die Lippen. „Ihr heißester Wunsch ist nach wie vor, Model zu werden. Weißt du, in solchen Situationen wird mir schmerzlich bewusst, dass Anja die Mutter gefehlt hat."

„Tja, vielleicht würde sie dann nicht solche verstiegenen Ideen ausbrüten", stimmte Ines ihm zu.

Erstaunt blickte Jörg hoch. „Ach, du findest Anjas Idee verstiegen?" Ein Hauch von Ärger keimte leise in ihm hoch. Komisch, Ines' Anwort behagte ihm gar nicht. „Klingt nicht gerade sensibel, findest du nicht?"

Ines' Lachen war warm und weich. „Was hast du eigentlich erwartet?"

„Keine Ahnung. Wahrscheinlich mehr Verständnis für einen jungen, übermütigen Menschen."

„Hab ich doch, Jörg", verteidigte sie sich betroffen. „Hättest du mich ausreden lassen ..."

Jörg musterte sie kritisch. „Geschenkt", unterbrach er sie barsch. Das schicke, graue Kostüm, das Ines an diesem Abend trug, gefiel ihm plötzlich überhaupt nicht mehr. „Darf ich dir noch ein Dessert bestellen?", fragte er kühl.

„Nein, danke!", kam es nicht weniger kühl zurück.

Schweigend brachte Jörg Ines nach Hause. Schweigend stieg sie aus dem Wagen. Noch ein flüchtiges „Gute Nacht und danke", und weg war sie.

„Verdammt!", fluchte Jörg leise vor sich hin. Wie gerne hätte er Ines zum Abschied in den Arm genommen und sie zärtlich geküsst. Und nun das ...

„Was 'n los, Paps?", fragte Anja am nächsten Morgen neugierig, während sie die Milch über die Cornflakes goss. „Siehst echt grimmig aus."

Jörg nahm einen Schluck Kaffee. „Ach, du und deine verrückten Ideen. Wirst du denn nie erwachsen?"

Erschrocken riss Anja die Augen auf, dann grinste sie. „Aha! Liebeskummer, was? Tja, meiner ist vorbei. Ich treff mich wieder mit Mark." Sie lachte glücklich. „Welcher Typ kann mich schon vergessen! Du sollst mal sehen, wenn ich erst Model ..."

Wütend warf Jörg die Serviette auf den Tisch. „Wenn du noch einmal dieses Wort in den Mund nimmst, setzt's was, verstanden?" Fünf Minuten später knallte die Wohnungstür hinter ihm ins Schloss.

Die folgende Woche war der reinste Nerventerror für Jörg. Anja stolzierte mit gerümpfter Nase und undurchdringlicher Eisesmiene durch die Wohnung. „Ich glaub, sie reißt mir echt den Kopf ab, wenn ich sie jetzt was frag", urteilte er halb belustigt und halb deprimiert. Obendrein vermisste er Ines sehr. Wie wichtig sie für ihn bereits geworden war, begriff er aber jetzt erst, da sie aus seinem Leben endgültig verschwunden war.

„Ich hab mich wie der totale Idiot benommen", dachte er unglücklich. „Ines und Anja, ich liebe beide wie nichts anderes auf dieser Welt. Wieso habe ich sie so verletzt?"

Irgendwann hielt Jörg diese angespannte Situation nicht mehr aus. Frühmorgens war es, als er an Anjas Zimmertür klopfte. „Mach auf, Spatz, wir müssen reden." Eine Minute später stand Anja verschlafen, doch nach wie vor unnahbar, vor ihm. „Dieser Zustand muss ein Ende haben."

„Find ich auch", sagte sie und knallte ihm die Tür wieder vor der Nase zu.

„Himmel, noch mal", knurrte Jörg. „Warum hast du mich so gestraft?"

Tags darauf erklärte Anja: „Kann heute spät werden. Ich treff mich mit Mark."

„Zehn Uhr", ging Jörg spontan auf seine Tochter ein. Vielleicht war es eine kleine Chance, ihr Herz zurückzugewinnen. Der Abend verstrich. Schlag zehn hörte er einen Schlüssel im Schloss, dann Anjas übermütige Stimme. „Komm schon rein! Hier beißt dich keiner, Ines."

Wie von der Tarantel gestochen, sprang Jörg auf. Hatte er wirklich richtig gehört? Ein paar Sekunden später stand tatsächlich Ines vor ihm – und Anja, die übers ganze Gesicht strahlte. „Na, wie hab ich das gedeichselt, Paps?", fragte sie. „Von Liebeskummer habt ihr Erwachsenen ja keinen blassen Schimmer."

Jörg wusste zuerst gar nicht, wie er reagieren sollte, aber da kam ihm seine temperamentvolle Tochter schon zuvor. „Küss sie doch endlich", meinte sie. „Ines liebt dich auch. Stimmt doch, Ines, oder?"

„Schätze ja", lachte Ines glücklich und schlang ihre Arme um Jörgs Hals. „Und was deine Modelkarriere betrifft, Anja, da hab ich schon ein prima Programm ausgearbeitet." Mit einem verschmitzen Augenzwinkern zählte sie auf: „Zuerst 'ne straffe Diät, plus ein ausgefeiltes Fitnesstraining ..."

„Und sonst geht's dir gut, was?", unterbrach Anja. Ihr Gesicht wurde einen Moment lang ernst. „Nee du," entschied sie dann, „da mach ich zur Abwechslung doch lieber mal total auf Family."

„Wenn du willst", lachte Ines, worauf Jörg dazusetzte: „Nur, wenn du willst, Ines!"

„Und wie!", wollte sie sagen, doch da küsste er sie schon.

Fische

20. 02. — 20. 03.

Zwischen Himmel und Hölle

Martina Peters

*P*uh! Endlich geschafft", dachte Lena. Die Koffer waren nach endlosem Warten an dem Schalter der Fluglinie aufgegeben, die Sitzplätze reserviert worden, und schon saß sie im Flieger nach Mallorca. Lenas Eltern waren schon vor einer Woche nach Mallorca geflogen. Lena folgte ihnen nun nach.

So gut es ging, machte sie es sich im Sitz bequem. Dann stülpte sie sich die Kopfhörer ihres Walkman über, schloss die Augen und ließ sich von „Olli P." berieseln. Lena fühlte sich wie gerädert. Erschöpft strich sie sich eine blonde Strähne aus der Stirn.

Diese schreckliche Flugangst! Ihr hatte es Lena zu verdanken, dass sie die vergangene Nacht kein Auge zugetan hatte. Fliegen! Für Lena gab es nichts Schlimmeres. Wenn sie nur daran dachte, bekam sie schon feuchte Hände.

Plötzlich zupfte sie jemand am Ärmel. „Hi, Lena! So 'n Zufall. Ich hab' den Platz neben dir."

Lena schlug die Augen auf. „Ey, Sven! Cool. Du hier?", lächelte sie überrascht und nahm den Kopfhörer ab.

Svens süße blauen Augen blitzten sie lustig an. Er war neu in ihrer Clique, und deshalb kannte sie ihn auch erst flüchtig.

„Schade, eigentlich", hatte Lena oft gedacht, denn Sven hatte 'ne Ausstrahlung, die jedes Girl regelrecht umwarf. Und dann sah er auch noch so verdammt gut aus. Silvie, sein Dauergirl, war echt zu beneiden.

Sven verstaute seinen Rucksack in der Ablage über ihren Sitzen und setzte sich mit einem tiefen Seufzer neben Lena.

„Was 'n los?", fragte sie. „Wir fliegen nach Mallorca, da gibt's nichts zu seufzen." Ein munteres Lächeln lag auf ihrem Mund.

Sven winkte ab. „Bei mir läuft zur Zeit alles schief", erzählte er genervt. „Das Pech steigt mir mächtig nach."

„Aha. Wieso denn?" Neugierig sah ihn Lena an.

„Erstens, Silvie hat mich eiskalt abserviert. Ich sei voll neben ihrer Linie, hat sie gemeint. Meine Gefühle, meine Gedanken, überhaupt alles, fand sie bloß noch ätzend. Und zweitens kommt heute noch dazu, dass ich schreckliche Flugangst hab. Blöd, oder?"

Was? Sven hatte Angst? Das war neu. So cool und gelassen wie er sich immer gab, hätte sie das nie bei ihm erwartet.

„Tja, und jetzt geht's auf zum persönlichen Crash-Kurs, was?", konterte Lena. „Oder glaubst du, du sitzt in einer Nobellimousine?"

„Ach, ich wollte einfach nur weg. Abstand gewinnen. Tut mir sicher gut."

„Kann ich dir voll nachfühlen", nickte Lena. „Würde ich auch so machen."

Sven sah sie begeistert an. „Echt? Wenigstens ein Mensch, der auf meiner Welle schwimmt." Ein Schatten huschte über sein Gesicht. „Wenn ich nur nicht diese doofe Angst vorm Fliegen hätte. Mir ist jetzt schon schlecht."

„Ach, das packst du schon", versuchte Lena, ihn aufzumuntern. „Immerhin gilt das Flugzeug statistisch als das sicherste Verkehrsmittel der Welt. Sicherer sogar als ein Auto."

„Aber..." Sven stockte. „Wenn so ein Vogel mal abstürzt, dann gibt's gleich zig Tote."

Nee, so krass wollte es Lena gar nicht wissen. Ihr Herz begann zu rasen. „Keine Bange, das hier wird schon nicht abstürzen", antwortete sie ein wenig gereizt. Sie war müde. Ihre eigene Angst machte sich noch deutlich bemerkbar.

Erstaunt musterte Sven sie. „Hast du denn keinen Bammel? So hoch in der Luft?"

„Nee", antwortete Lena obercool. Und dachte: „Wenn du wüsstest, Sven! Meine Knie zittern schon seit Tagen um die Wette." Aber um nichts auf der Welt hätte sie das vor ihm zugegeben. Um am Ende noch absolut bescheuert vor ihm dazustehen? Nein! Und überhaupt, womöglich wäre sie dadurch noch nervöser geworden, als sie ohnehin schon war. Mutig unterdrückte Lena ein leises Beben, das in ihrem Körper emporkriechen wollte.

Schon ging's los! Die Boing rollte zur Landebahn. Lena krallte ihre feuchten Hände in die Lehnen. Mit einer Riesengeschwindigkeit spurtete die Boing jetzt die Landebahn entlang, drückte Lena voll in den Sitz.

„O Gott, bloß nicht nach draußen schauen", dachte sie und drehte sich zu Sven. „Ist doch voll geil, oder?", fragte sie und setzte ihr coolstes Lächeln auf.

Dann hob sich der Flieger mit einem Ruck, erzitterte beim Abheben. Für einen Moment schien es so, als würde er zerbersten. Sven starrte bleich vor sich hin und stöhnte leise. Lena zählte in Gedanken langsam bis zehn. Vielleicht nutzte das ja was. Kurz darauf lag das Flugzeug ruhig in der Luft. Vorsichtig sah Lena wieder zu Sven: Verbissen presste er immer noch seine Lippen hart aufeinander.

„Hey,", zupfte sie ihn schmunzelnd am Ärmel. „Wir haben es geschafft. Und gleich gibt's Essen."

„O nein,", stöhnte Sven. „Danke, ich verzichte. Mir ist leider schon schlecht."

Da kam die Stewardess und brachte jedem ein kleines Tablett mit Saft, Gemüse und etwas Fleisch.

Nach dem Essen fühlte sich Lena etwas wohler, obwohl

immer noch ein dicker Angstkloß ihren Hals blockierte. Sven hatte nichts angerührt.

Plötzlich wurde das Flugzeug unruhig, begann zu schaukeln. Lena und Sven sahen gleichzeitig aus dem Fenster. Ein Gewitter!

„Ey, tolles Achterbahn-Feeling", scherzte Lena, um sich selbst Mut zu machen. Ihr Herz klopfte bis zum Hals. Und kein Mensch weit und breit, der sie trösten konnte.

„Fasten your Seatbelt", leuchtete auf. Alle Passagiere mussten sich anschnallen, keiner durfte seinen Platz verlassen.

„O Gott", flüsterte Sven ängstlich. „Was sollen wir denn tun, Lena? Was, wenn ..." Er schluckte.

„Jetzt bleib mal cool", riet sie und dachte: „Und du auch, Lena! Sonst kriegen wir echt die Krise."

Und wieder ging es direttissima mit der Boing nach unten voll durch den Nebel, scheinbar ins Nichts. Dann, ohne Vorwarnung wieder nach oben. Das Flugzeug begann immer wilder am Himmel zu tanzen. Regen prasselte auf den Flieger nieder. Blitze zuckten rundherum. Irgendein Mann hinter ihnen leierte leise unverständliche, wirre Worte vor sich hin.

„Ich glaube, ich werde auch gleich wahnsinnig", dachte Lena starr vor Schrecken. Und dem Typen, der von irgendwo „Nur Fliegen ist schöner!" rief, würde sie bei Gelegenheit den Hals umdrehen. Auch Sven wurde nervöser. Bei jedem Rucken der Boing hatte Lena das Gefühl, jeden Moment würgen zu müssen. Voller Panik drückte sie sich immer tiefer in den Sitz. Diese unheimliche Angst! Aber sie durfte sie ja nicht zeigen. Sven zuliebe. Wie selbstverständlich rutschte ihre Hand in seine. Dankbar ergriff er sie.

„Hey, Lena." Seine Stimme bebte leise. Schweißperlen standen auf seiner Stirn. „Ich meine, wenn wir heil herunterkommen, gehst du dann mit mir mal in ein Konzert oder so?"

Lenas Herz raste. Leider wusste sie diesmal nicht, ob vor Aufregung oder vor Freude. „Klaro", antwortete sie. „Auch dann, wenn wir nicht heil runterkommen."

„Himmel, was rede ich nur für einen Schwachsinn!",
dachte sie panisch. „Logo kommen wir heil runter."

Die Stewardessen jonglierten durch die Gänge und kon-
trollierten, ob alle Passagiere angeschnallt waren, wobei sie
sich den Bewegungen des Flugzeugs anpassten, so gut es
bei diesen Turbulenzen ging.

Lena blickte vorsichtig zu Sven. Es lief ihr kalt den
Rücken hinunter. „Na, wenn das mal gutgeht", bangte sie.
„Der arme Kerl kippt ja gleich ohnmächtig vom Sitz."

„Sieh mal, die Stewardessen machen den Smily, dann
kann's doch nicht so heavy sein", beruhigte sie ihn sanft.

„Is' ja logisch", reagierte Sven. „Wohl noch nie Katastro-
phenfilme gesehen? Die Ladys tun doch nur so, sonst ginge
hier das absolute Chaos ab."

„Merci, Sven", knurrte Lena leise in sich hinein. „Das habe ich jetzt voll gebraucht." Würde sie wohl je mit Sven in ein
Konzert gehen? Oder ins Kino? Oder ...? „Ich werde noch
verrückt!", dachte sie.

Völlig steif saß Lena da und wartete. Worauf? Keine Ahnung! Hilflosigkeit machte sich in ihr breit. Sven presste ihre
Hand.

„Und jetzt zermust er mir auch noch die Finger", dachte
sie halb belustigt, halb verzweifelt. Na, wie aufmerksam!

Um sich abzulenken, ließ Lena ihre Blicke durchs Flugzeug schweifen. Jetzt erst bemerkte sie, wie still es um sie
herum geworden war. Wären nicht der laut prasselnde Regen und diese dröhnenden Donner gewesen, hätte man im
Flieger eine Stecknadel fallen hören. Wieder sackte das
Flugzeug ab, fiel tiefer, tiefer und immer tiefer ...

„Himmel, wie weit denn noch?", hämmerte es in Lenas
Kopf. War das das Ende?

Aber die Maschine flog noch und – stieg wieder, ganz ruhig, so, als sei nichts geschehen. Null Turbulenzen mehr.

Aus dem Lautsprecher ertönte eine Stimme. Der Pilot!

„Sehr geehrte Damen und Herren, leider sind wir in eine Gewitterfront geraten. Es gibt aber keinen Grund zur Beunruhigung. Wir werden in etwa vierzig Minuten in Palma de Mallorca landen. Die Crew und Ihr Kapitän wünschen Ihnen einen angenehmen Urlaub!"

„Geschafft!", dachte Lena unendlich erleichtert. „Gibt's das? Wir alle haben es ..."

„Lena?" Das war Svens muntere Stimme. Er rüttelte sie wie verrückt am Arm. „Hast du das gehört? Wir werden gleich landen? O Lena, ohne dich und deinen Mut ... deine Power ... So was Cooles hab ich bei einem Girl noch nie erlebt." Verdutzt starrte er sie an. „Ey, Lena. Stimmt was nicht? Lena! Du kannst doch jetzt nicht pennen! Lena ..."

Lena war ohnmächtig in den Sitz gesunken.

Melodie ins Glück

Patricia Lester

*N*och im reifen Alter von einundvierzig Jahren konnte Erasmus seinen Eltern diesen Namen nicht verzeihen, den sie ihm wegen seines Großvaters, eines angeblichen Universalgenies, verliehen hatten. Bereits im Kindergarten und dann in der Schule war er nur „Rasi" gerufen worden.

„He, Rasi, kannst du ein bisschen schneller rollen?", das und viele andere Sachen hatte er sich anhören müssen, vor allem in der Zeit, als er diesem Spitznamen Hohn sprach. In der Pubertät war er schon größer als sein Vater und mindestens doppelt so schwer, und als erwachsener Mann maß er an die zwei Meter und wog auch zwei Zentner. Und bewegt hatte er sich noch nie schnell. Und das wurde im Laufe der Jahre immer offensichtlicher. Erasmus hatte das Temperament eines narkotisierten Nilpferdes und schritt durch sein Leben wie in Zeitlupe. Seine Länge und sein Gewicht verboten ihm stärkere Gefühlsausbrüche bis auf die Schweißtropfen, die über sein Gesicht strömten, wenn er sich anstrengte, oder seinen keuchenden Atem, nahm er statt eines Fahrstuhls normale Treppen.

Eine Änderung trat erst ein, und die traf ihn wie ein Donnerschlag, als er eines Nachmittags sein Bistro betrat. Eine seiner Leidenschaften war französisches Essen. Erasmus ließ sich auf seinem Platz in der Ecke nieder. Er war dort Stammgast, und der Wirt hatte einen besonderen Tisch und einen Stuhl für ihn reserviert, dessen Lehnen nicht erbärmlich ächzten, wenn er sich setzte. Der Wirt, er nannte sich Alphonse, um seinem Ambiente gerecht zu werden, empfahl ihm gefüllte Kalbsbrust mit Spargelspitzen, Blattsalat mit gerösteten Schinkenscheiben. Als Erasmus den knusprigen Schinken zerbiss, riss ihn eine helle Stimme aus seinem Speisehimmel.

„Mann, das sieht lecker aus. Das törnt mich doch mehr an als einer von diesen Junkfoodburgern. Was dagegen, wenn ich mich setze?"

Was von dem Tisch Besitz ergriff, war die Sorte von weiblichen Wesen, um die Erasmus einen weiten Bogen machte. Er verschluckte sich an einem Blatt Salat und musterte die Frau, oder war sie eher ein Mädchen? Vielleicht doch ein Zwitter. Sie lag irgendwo dazwischen. Eine Mähne dunkelbrauner Haare hing ins Gesicht, ein Teil der Locken hielt in einer grässlich gelben Schleife. Plötzlich lagen ein Bleistift und ein Block auf dem Tisch. Salz- und Pfefferstreuer wurden auf dem Tisch hin- und hergeschoben und machten einem dieser kleinen, aber um so bedrohlicheren Handys Platz, die immer und überall piepsten und fiepten.

„Mpfmm ... nein, natürlich nicht." Erasmus schluckte. Eine Zwiebel hatte sich irgendwo in seinem Hals verfangen. Er wollte höflich sein. Aber ein Gast an seinem Tisch, an dem er sonst immer allein saß? Das Wesen blickte ihn an. Seine Augen waren riesig und von einer Farbe, die er noch nie gesehen hatte. Sie schimmerten zwischen einem Stahlblau und einem dezenten Grün und erschienen Erasmus wie ein schillerndes Ufo, das in dunkler Nacht auf der Erde landete. Außerdem hatten sie Wimpern, die reklamereif waren. Und als Alphonse kam, überfiel sein Gegenüber ihn mit einem Schwall französischer Worte. Der Wirt lächelte verbindlich. Er stammte aus einem Dorf in der Nähe von Bergisch-Gladbach.

„Die Dame möchte Ihre vorzüglichen Lammkoteletts mit Knoblauch und Pommes dauphin." Warum Erasmus für diese Frau in die Bresche sprang, wusste er nicht. Aber er musste es tun. Und als das Essen kam, schlang sie es hinunter, als habe sie seit einer Woche nichts gegessen. Unter ihrem unmöglichen, grasgrünen Parker trug sie ein ausgeschnittenes T-Shirt. Er konnte ihre Schulterknochen sehen, die wie tiefe Näpfe wirkten. „Eine von diesen supercoolen Emanzen", dachte Erasmus, „die wahrscheinlich für alle Fälle die Wunderpille in ihrer Handtasche hatten und hilflose Männer zum Frühstück verspeisen konnten."

„Ich heiße Gabi, und du?" Das Wesen hatte Lippen wie eine Venusfliegenfalle, eine Blume, die jedes Insekt verzehrte, das sich leichtfertig auf ihren Blättern niederließ. Genauso fühlte sich Erasmus, überrumpelt durch den Angriff und das plötzliche „Du", das die Frau gebraucht hatte.

„Erasmus", stotterte er.

„Toller Name, ich mag altmodische Sachen. Bist wahrscheinlich auch ein kluges Kerlchen, so wie du aussiehst. Das Essen war einfach tierisch gut. Ich schätze, wir sehen uns hier wieder." Damit stand Gabi auf, steckte ihr Handy in den Rucksack, warf einen Schein auf den Tisch und verschwand. Erleichtert wollte Erasmus aufatmen und ertappte sich dabei, dass er verstohlen ein Salatblatt von ihrem Teller nahm, es auf der Zunge zergehen ließ und sich dabei ihren Geruch einbildete. Erst als Alphonse den Tisch abgeräumt hatte, sah Erasmus wieder klar. Er konnte und wollte nichts mit Frauen anfangen, schon gar nicht mit so kapriziösen Geschöpfen. Aber wann immer es seine Zeit erlaubte, aß Erasmus in dem Bistro, doch Gabi kam nicht mehr. Sie war in seinen Gedanken zu einer vagen Erinnerung verblasst, als er eines Tages ihre Stimme hörte:

„Wenn das nicht mein kluger Tischnachbar ist!" Gabi plumpste in den Stuhl, während Erasmus vor Schreck aufgesprungen war. Beide starrten sich einen Augenblick an, und dann lachten sie und sprachen gleichzeitig.

„Wer hat dir denn deine Pfunde geklaut?", fragte sie, und Erasmus stammelte:

„Das sind Sie, du, oh ...“

Vor ihm saß eine Dame in einem dezenten Hosenanzug, der eine wohl gerundete Figur ins rechte Licht setzte. Die Haare waren zu einem kurzen Lockenkopf gestutzt. An den Lippen und den Augen hatte sich nichts verändert. Sie strahlten nichts Gefährliches mehr aus, sondern nur noch reine, warme Weiblichkeit, gewürzt mit einer ungeheuer aufregenden Prise Erotik, auch wenn Erasmus in diesem Augenblick diesen Eindruck noch nicht in klare Gedanken fassen konnte.

„Wie hast du das geschafft ...?“

„Ich hoffte, Sie, dich wiederzusehen, auch ...“

Nach einer Weile ging ihr Gesprächswirrwarr in eine ruhige Unterhaltung über, zumal Alphonse mit einem unglaublichen Gespür für solche Situationen schweigend eine Flasche Wein, einen Korb mit Brot und eine Schüssel mit dampfenden Muscheln zwischen die vorgebeugten Köpfe gestellt hatte, deren Röte sicherlich nicht von der Wärme des Lokals kam. Erst viel später, als Alphonse mit einem vernehmlichen Räuspern wieder zu den beiden trat, sahen sie, dass alle Stühle hochgestellt waren, die verträumte Musik schwieg und nur noch ein paar Kerzen gedämpftes Licht spendeten.

Draußen herrschte bittere Kälte, eine unvorstellbare Menge Schnee war gefallen, und Erasmus legte zaghaft den Arm auf Gabis Schultern, die in ihrer dünnen Kleidung erbärmlich zitterte.

„Ich suche uns ein Taxi.“

„Nichts da, wir werden laufen, ich wohne gleich ums Eck.“ Und schon landete ein nasser Schneeball in seinem Gesicht. Gabi streckte die Arme aus: „Komm schon“, und lief auf seine Haustür zu.

„Da wohne ich doch.“

„Weiß ich, du Engel von einem Mann. Ich bin in die Wohnung über dir eingezogen, aber da ist es noch kalt. Und ich brauche jetzt Wärme und dich." Gabi zog Erasmus näher, bis sie unter dem geschützten Vordach standen. Ihr Gesicht war ernst, schüchtern, verletzlich, beinahe wie eine kostbare Skulptur sah es aus. Er nahm es in seine Hände und wusste, dass er es nie wieder loslassen wollte.

„Bei mir es auch kalt." Erasmus hätte sich auf die Zunge beißen können, weil er sich so tolpatschig anstellte. „Rasi, gut für jeden Fettnapf", das hatten sie auch früher zu ihm gesagt. Doch Gabi war zu sehr Frau, als dass sie sich von diesem Blödsinn hätte abschrecken lassen.

„Dann machen wir es uns beide warm."

Bei diesen Worten überfiel Erasmus ein Kälteschock und dann eine Feuerwelle. Diese Frau traf ihn ins Mark. Sie hatte seine Seele betreten wie ein Durstiger, der in der Wüste nach einer endlosen Wanderung eine Oase mit einer köstlichen Quelle entdeckt. Als er den Schlüssel in das Schloss stecken wollte, fiel dieser prompt auf den Boden, und Erasmus war sich bewusst, dass Gabi seine zitternden Finger bemerkte.

„Ich habe nichts zu trinken da. Mögen Sie, magst du vielleicht Buttermilch oder Malventee?" Er sah Gabi an. Sie stand da in ihrem Trenchcoat, den Kragen hochgeschlagen, unter dem Saum ragte ein kurzes Stück sehr schlanker Beine hervor, die in Stiefeletten steckten. Sie erschien ihm wie ein ferner Traum, in dem eine Fata Morgana auftauchte. Er folgte ihren Blicken, die sein Wohnzimmer musterten, in dem außer Bücherregalen nur eine Harfe, zwei bequeme Sessel, ein kleiner Tisch und ein altmodischer Schaukelstuhl von seinem Großvater standen. Als einziger Schmuck hing an einer Wand ein Poster von den Stones bei einem ihrer Konzerte.

„Heißer Tee ist in Ordnung. Du hast hier eines der schönsten Instrumente, das ich mir vorstellen kann, und hängst dir ein Bild von einer Rockband an die Wand. Wie passt das zusammen?"

„Ich mache uns Tee." Erasmus verschwand in der winzigen Küche. Wie sollte er dieser Frau erklären, dass sein sehnlichster Wunsch gewesen war, Musiker zu werden, dass nach einem Unfall seine Finger zu steif für das Harfespielen geworden war, und dass die Stones eine Band waren, für die er als Jugendlicher geschwärmt hatte. Es war alles so lange her. Als er in der Küche stand, Teebeutel in eine Kanne hängte und in einem Schrank noch ein paar Käse-Cracker fand, fiel ihm alles wieder ein.

Das Konzert, der Beifall des Publikums, der Dirigent, der ihm persönlich nach dem verebbenden Applaus die Hand gedrückt hatte; Isabella, die auf die Bühne kam, in einem schwarzen, engen Kleid, eine langstielige Rose in der Hand. Ein wenig unbeholfen schritt sie näher, reichte ihm die Blume, Erasmus stach sich an einer Dorne, aber es war ihm egal. Dann hatte sie ihn geküsst. Ein winziger Tropfen Blut aus der Wunde an seinem Finger hinterließ ein rotes Mal an ihrem Hals, direkt neben dem Anhänger, den er Isabella geschenkt hatte. Die Geiger klopften mit ihren Bogen auf die Instrumente, als wollten sie sein Glück besiegeln. Erasmus war neunzehn, seine Musik hatte sehr viele Menschen verzaubert, und er war verliebt. Isabella sah ihn an mit großen, leuchtenden Augen, und auf einmal fühlte er sich wie ein kleiner Gott, der mit dem Spiel seiner Hände die Welt aus den Angeln heben oder zumindest diese Frau erobern konnte.

„Liebster, du warst wundervoll. Lass uns schnell fahren und noch ein wenig feiern", hatte Isabella gesagt.

Bei der nächtlichen Fahrt über die Landstraße begann es heftig zu schneien. Die Scheibenwischer standen auf höchster Stufe und konnten doch die dicken Flocken nicht vertreiben.

„Halt an, du kannst nichts mehr sehen."

„Die paar Kilometer schaffen wir jetzt auch noch." Isabella packte das Lenkrad fester und starrte in die Dunkelheit, die durch die Eiskristalle zerbrochen und gespenstisch wirkte.

„Erasmus", sagte sie. Sie war eine der wenigen Menschen, die seinen ekelhaften Spitznamen nicht benützte. „Erasmus", wiederholte sie. „Du hast traumhaft gespielt, und darf ich dir was sagen?" Die Frage klang so schüchtern.

„Weißt du was?", fuhr sie fort, ohne auf seine Antwort zu warten. „Heute Abend habe ich mich in dich verliebt."

Das waren die letzten Worte, die Erasmus hörte. In einer Kurve tauchte ein Lastwagen auf, geriet ins Schleudern und raste auf ihren Wagen zu. Erasmus hörte noch den Krach, vernahm einen Aufprall, der ihn in das All zu katapultieren schien, dann versank er in einer vollkommenen Schwärze.

Fünf Tage lag Erasmus im Koma, und als er erwachte, war sein rechter Arm eingegipst, Schläuche hingen an seinem Körper, und Armaturen umgaben sein weißes Bett.

Als Nächstes nahm er seine Mutter wahr, die weinend auf einem Stuhl saß und seine Hand hielt.

„Was ist denn? Ich, was war denn los?" In Erasmus' Kopf tobten stechende Schmerzen, die ihn wie eine schwere Wolke zu ersticken drohten, und er wusste, dass etwas Furchtbares geschehen war.

„Die Ärzte sagen, du bist in Ordnung, nur deine rechte Hand, die ..." Seine Mutter griff nach einem Taschentuch.

„Isabella, was ist mir ihr? Ich erinnere mich, der Unfall. Ein Laster kam auf uns zu. Bitte, Mutter!"

„Mein Junge, du musst tapfer sein. Isabella ist tot."

Erasmus hätte am liebsten geschrien oder wäre sofort wieder in den dunklen Schlaf des Vergessens gefallen. Aber er konnte es nicht. Er wurde gesund und musste sich dem Leben stellen, das sich von diesem Augenblick an vollständig verändert hatte.

Das Pfeifen des Teekessels riss ihn aus der Vergangenheit in die Gegenwart zurück. Erasmus nahm das Tablett, als er erstarrt stehen blieb. Aus dem Wohnzimmer drangen leise, zaghafte Töne, die sich zu einer zarten Melodie verdichteten. Er fing zu zittern an und musste das Geschirr abstellen. Gabi spielte auf seiner Harfe, und sie spielte toll. Das gab es nicht, das durfte einfach nicht wahr sein! Regungslos verharrte er an Tür, blickte auf den Kopf, der sich an das Instrument schmiegte, die Hände, die wie ein sprudelnder Bergbach über die Saiten glitten, manchmal ein wenig zögerten, als stolperten sie über ein Hindernis, das ihren perfekten Lauf versperrte. Erasmus kannte das Lied nicht, doch es barg eine bittersüße Wehmut in sich, die ihm den Atem nahm.

„Oh, Entschuldigung, ich wollte nicht, konnte aber nicht widerstehen." Gabi sprang auf, und eine verlegene Röte bedeckte ihr Gesicht.

„Nein, nein, das war wundervoll. Nie hätte ich gedacht, dass ich jemand kennen lernen könnte, der meine Leidenschaft, äh, meine frühere, also ..." Erasmus stockte. „Du spielst wirklich ausgezeichnet."

„Danke, aber das ist die Übertreibung des Jahres. Ich bin eine klägliche Zupferin. Trotzdem lieb, dass du mir das sagst."

Zwei Schritte waren sie voneinander entfernt, und mit einem Mal wähnte sich Erasmus wieder auf der Bühne, an jenem Abend vor mehr als zwanzig Jahren. Nur waren jetzt die Rollen vertauscht. Er wünschte sich, er hätte eine Rose, die er Gabi reichen könnte, und er wollte sie umarmen und küssen. Woher er den Mut nahm, wusste er nicht. Er ging auf Gabi zu, nahm sie in die Arme, sah ihre großen Augen, die leicht geöffneten Lippen, den fragenden Blick, und dann war es um ihn geschehen. Er versank und ertrank in diesem Kuss, atmete ihren zarten Duft, spürte ihren warmen Körper, der sich an den seinen schmiegte, und wollte sterben, wieder auferstehen und die Welt erobern. Er sah ihren Hals, und da war kein Mal, kein Blutfleck, und Gabi trug auch keinen Schmuck.

Der Tee war längst kalt geworden. Die Cracker lagen unberührt auf dem Teller, als Gabi aufstand.

„Es ist besser, ich gehe jetzt. Wir haben noch alle Zeit der Welt."

„Das ist nun deine Übertreibung des Jahres", wollte Erasmus sagen. Doch er schwieg, weil er wusste, was sie meinte. Und sie hatte Recht. Lange noch, nachdem sie ihn verlassen hatte, saß er da, verfolgte das zitternde Flackern der ausbrennenden Kerzen, das schwache Licht, das die Saiten der Harfe in vibrierende Silberfäden verwandelte. Erasmus glaubte zu träumen, wollte nicht wahrhaben, was ihm widerfahren war, konnte sein Glück einfach nicht fassen.

Doch die nächsten Wochen und Monate waren tatsächlich wie ein Traum, der sich auf einer Wolke niedergelassen hatte, die über den weiten Himmel zog. Jedes Mal, wenn Erasmus Gabi traf, und das war fast täglich, sie waren ja Nachbarn, und wenn es nur für eine halbe Stunde war, fühlte sich Erasmus wie ein Schiff, das nach langer Fahrt endlich wieder in den Hafen einfuhr und dort vor Anker gehen konnte.

Gabi war es auch, die ihn ermunterte, wieder zu spielen.

„Ein Instrument ist wie eine störrische Geliebte, die erobert werden will, wenn du sie zu lange vernachlässigt hast."

„Lieber erobere ich dich."

„Jetzt gleich?"

Bevor Gabi noch mehr solche bedeutungsvolle Sätze von sich geben konnte, verschloss Erasmus ihren Mund mit einem Kuss. Doch irgendwann zog es ihn zu dem Instrument. Am Anfang war es eine Qual. Unbeholfen taperten seine steifen Finger über die Saiten, und er kam sich wie ein Stümper vor, der er auch war, doch Gabi ließ nicht locker.

„Du darfst nicht aufgeben. Du musst kämpfen. Der Unfall war vor so langer Zeit. Gut, du wirst nie wieder Konzertreife erlangen. Das ist nicht wichtig. Wichtig ist, dass du dich mit deiner verloren gegangenen Musik versöhnst und diese Liebe wieder akzeptierst."

„Ich liebe nur dich", fiel Erasmus ein. Gabi hatte mitunter eine direkte Art, die ihn verlegen machte.

„Das weiß ich, Schnuckel, mein Herz, aber in deinem Alter hat ein Mann auch frühere Geliebte, an die er manchmal denkt." Gabis Grinsen war unwiderstehlich. So quälte sich Erasmus weiter, auch wenn er Gabi nie erzählt hatte, dass er nach Isabellas Tod keine Frau mehr berührt hatte.

Irgendwann konnte Erasmus wieder spielen. Er lauschte den Tönen, die sich in Symphonien vereinigten, und eines Abends, Gabi war bei einer Freundin, versuchte sich Erasmus an jenem Konzert. Es endete kläglich. Schließlich weinte er vor Wut und Verzweiflung und wünschte sich nichts sehnlicher, als Gabi im Arm zu halten.

Sie kam spät nach Hause, umarmte ihn mit leuchtenden Augen und sprudelte die Neuigkeiten hervor:

„Die Stadt hat unserem Kindergarten die Zuschüsse genehmigt. Schon in drei Monaten können wir umziehen. Gehst du mit zu unserer Eröffnungsfeier? Selbst der OB will vielleicht kommen. Bitte, sag ja." Gabi arbeitete als Erzieherin, liebte Kinder über alles und verschwieg regelmäßig, dass sie nicht normale Kinder betreute, sondern die Ärmsten der Armen, Behinderte, Kranke und die vielen Abgeschobenen.

Natürlich sagte Erasmus zu, und als er den Saal betrat, sah er die Winzlinge, die Honoratioren und eine Harfe, die auf einem Podest stand.

„Was soll das?", flüsterte Erasmus, als er mit Gabi nach vorne ging.

„Es wäre schön, wenn du ein wenig spieltest, bevor die langweiligen Reden beginnen." Gabis Augen schimmerten in einem dunklen Lila.

„Bitte. Tue es für dich, für uns, und vor allem für die Kleinen da", sagte sie und setzte sich in die erste Reihe.

Erasmus kletterte mit wackligen Knien die drei Stufen hoch, es war wie ein Gang zum Schafott, und ließ sich auf dem Hocker vor dem Instrument nieder. Noch einmal holte er tief Atem, legte seine zitternden Hände aneinander und warf einen letzten Blick auf Gabi. Sie hielt eine rote Rose in ihrem Schoß. Dann spielte er jenes Konzert, und in seinen Ohren klang es grauenhaft. Natürlich traf er die richtigen Töne, aber er vermisste das, was sie zum Ausdruck bringen sollten, die Leidenschaft, Liebe und Sehnsucht, die er früher beim Spielen verspürt hatte. Er sah in das Publikum hinunter. Gabis Augen waren voller Zuversicht und Stolz, sie hob die Blüte, hielt sie an ihre Lippen und küsste sie. Es erschien Erasmus wie ein Versprechen für die Zukunft. Er griff in die Saiten, und es war beinahe so wie damals, sein Herz pochte und schmerzte, aber es tat nicht mehr weh.

Er hatte seine alte Geliebte zurückerobert, eine neue gewonnen und außerdem fünfzig Kinderherzen und auch ein paar Erwachsene, die applaudierten, als der letzte Ton verklungen war.